隔离与融入

广州世居满族的习俗变迁

关溪莹 著

商务印书馆
The Commercial Press

图书在版编目（CIP）数据

隔离与融入：广州世居满族的习俗变迁／关溪莹著.
—北京：商务印书馆，2024.—ISBN 978-7-100-24261-5
Ⅰ．K282.1
中国国家版本馆CIP数据核字第2024YW6561号

权利保留，侵权必究。

本书为国家社会科学基金项目
"民族国家建构背景下广州世居满族的民俗变迁与族群建构研究"
（编号：13CMZ028）成果。

隔离与融入
——广州世居满族的习俗变迁
关溪莹　著

商　务　印　书　馆　出　版
（北京王府井大街36号　邮政编码100710）
商　务　印　书　馆　发　行
北京新华印刷有限公司印刷
ISBN 978-7-100-24261-5

2024年10月第1版　　　开本 880×1230　1/32
2024年10月北京第1次印刷　印张 7 1/8
定价：38.00元

代　序

叶春生

满族是广东省五个世居少数民族之一，主要居住在广州市，其主体是清政府派到广州驻防的八旗官兵的后裔。广州世居满族繁衍生息了260余年，涌现出许多德才兼备的优秀人才，为广州发展作出了重要贡献。作为满族原生态文化的载体，八旗官兵在全国众多地域驻防，满族文化因此得以与全国各地文化相融合，逐渐形成了散杂居满族后代独特的生活方式和文化样态。在21世纪，他们依然以族缘为纽带，不断强化集体凝聚力，投身国家建设。这是需要引起社会关注的很有研究价值的课题。

中华人民共和国成立后，广州市满族历史文化研究会、广东省民族宗教研究院和各高校等科研单位的专家学者以及一些热心民族发展的满族族胞先后对广州世居满族的历史渊源、民族文化、生活现状进行记录和研究。关溪莹是瓜尔佳氏满族镶蓝旗后人，她2001年从辽宁来到中山大学攻读民间文学（民俗学）博士学位，加入了广州满族历史文化研究会，对广州世居满族进行追踪调查。她的研究凝聚了一位广州的满族新移民对民族先人的敬仰和对民族发展的热忱。

本书有如下几个方面的特点：

一是研究视角比较新颖。族群发展史研究往往以中华人民共和国的成立作为重要分水岭，重点考察我国民族政策对各少数民族的影响。本书作者不局限于外界环境变化，而是采用主客体相结合的研究视角，以广州世居满族的族群认同变化为依据将其在广州的生活分成封闭民俗文化体系的建构（1756—1911）、从自在族群到自觉族群（1911—1976）、现代化语境中族群文化的自我更新（1976年至今）三个阶段，在内外兼顾的前提下突出了内因——族群认同对民族存续的决定性意义，也更加清晰地梳理不同历史时期广州满族的变迁特点。

二是对广州世居满族的研究比较全面。前人对广州满族的研究，或重记录或重回忆，或关注历史或关注习俗，或基于文献或基于调研。本书梳理了广州满族的大量历史文献和前人研究成果，在十余年跟踪式田野调查的基础上对广州世居满族进行全面研究，不仅有从东北—京津—广州的移民经历，也有在广州的260余年生活历史和现状，还有对其未来发展趋向的预测；既是对广州世居满族的全面记录与研究，也为当下散杂居少数民族研究提供了重要成果。

三是有一定理论高度。在我国社会由传统到现代的转型过程中，"多民族国家"内的民族关系是重要研究课题。本书作者不限于广州满族的表层研究，而是通过广州世居满族生活状态、民俗事项、社会组织的变迁呈现不同历史阶段族群认同和国家认同的特点，揭示了满族民众在移民广州的260余年中顽强生存和持续壮大的奥秘，也为我国政府机关制定民族政策，协调城市散杂居族群关系提供了参考意见。

在这个日新月异的时代，城市散杂居少数民族的传统文化消失得很快。"民俗学是用脚走出来的学问"，只有经过长期、持续、扎实的田野调查和资料储备，融入广州满族族胞的生活和情感世界，才能真切体会他们在延续、壮大过程中遇到的机遇和挑战，才能理解在种种应对策略背后所蕴藏的生存智慧。本书为传统少数民族的现代建构提供了一个鲜活个案，希望有更多民族从中受益，在中华民族共同体大家庭中焕发出崭新风姿。

本书在叶春生教授指导的博士论文基础上完成，也是国家社会科学基金项目《民族国家建构背景下广州世居满族的民俗变迁与族群建构研究》（13CMZ028）的研究成果之一。叶师生前一直关注本书的进展，并为笔者的国家社科项目结题成果撰写了评语。特借以为序，以表达对恩师的怀念和感谢。

溪莹谨记

引用清代志书表

由于本书引用与广州八旗驻防有关的清代志书比较频繁，脚注仅注明书名，出版信息不再一一注明，书名后的页码是所引志书所在丛书或汇编本的页码。

1.《八旗通志》 鄂尔泰等修:《八旗通志》,东北师范大学出版社1985年版。

2.《钦定八旗通志》 纪昀等修、李洵、赵德贵主校点:《钦定八旗通志》,吉林文史出版社2002年版。

3.《驻粤八旗志》 长善主修:《驻粤八旗志》,载马协弟主编:《清代八旗驻防志丛书》,辽宁大学出版社1990年版。

4.《广州驻防事宜》 庆保辑:《广州驻防事宜》,载国家图书馆编:《清代边疆史料抄稿本汇编》之41,线装书局2003年版。

5.《广东驻防旗营事宜》 广东驻防旗营编:《广东驻防旗营事宜》,载广东省立中山图书馆、中山大学图书馆编:《清代稿抄本》第147册,广东人民出版社2008年版。

6.《(康熙)新修广州府志》 汪永瑞修、杨锡震纂:《(康熙)新修广州府志》,载《北京图书馆古籍珍本丛刊》,书目文献出版社1987年版。

7.《(乾隆)广州府志》 张嗣衍修、沈廷芳纂:《(乾隆)广州府志》,载《广东历代方志集成》,岭南美术出版社2007年版。

8.《(光绪)广州府志》 戴肇辰、苏佩训修,史澄、李光廷纂:《(光绪)广州府志》,载《中国地方志集成·广东府县志集》,上海书店、巴蜀书社、江苏古籍出版社 2003 年版。

目 录

绪论 族群认同与族群建构 1
  第一节 问题的提出 1
  第二节 国内外相关研究现状 5
  第三节 本书资料来源 22

第一章 广州世居满族的存续时空 25
  第一节 满洲八旗官兵驻防广州的社会背景 25
  第二节 广州世居满族的形成 28

第二章 封闭民俗文化体系的建构（1756—1911）.......................... 31
  第一节 八旗兵营中的民俗生活模式 31
  第二节 围城中民俗文化的凝固与嬗变 52
  第三节 满城中的国家认同与族群认同 72

第三章 从自在族群到自觉族群（1912—1976）............................ 77
  第一节 时代变迁中广州世居满族的存续 77
  第二节 满族传统民俗的消逝、延续与变异 99
  第三节 开放民俗文化体系中的国家认同与族群认同 132

第四章　现代化语境中族群文化的自我更新（1977年至今）……… 139
第一节　广州世居满族的人口变化…………………………… 139
第二节　族群认同的场域……………………………………… 146
第三节　族群传统节日的现代演绎…………………………… 179
第四节　族群精英的重要作用………………………………… 183
第五节　少数民族族群的现代建构…………………………… 186

结语　区域历史文化背景中的广州世居满族………………… 198

参考文献……………………………………………………………… 206
后记…………………………………………………………………… 214

绪 论
族群认同与族群建构

第一节 问题的提出

联合国现有190多个成员国，绝大多数是多民族国家。各国国情不同，在资源、劳动力和产品市场上既有合作也有竞争。各国内部的不同族群因历史、文化、发展水平不平衡，也存在内部博弈。长期以来，世界各国之间的战争、国家内战和社会动荡大多与族群矛盾有关。各国之间的矛盾和各国内部的族群关系成为当今世界人类社会最复杂的社会与政治关系之一。①

人文社科领域内各个学科的学者都很关注族群关系研究，许多世界知名大学的社会学系都有研究种族和族群问题的学者，或者设置专门的研究中心。我国学者也从各个学科视角关注族群问题，如以社会结构和社会运行规律为主要研究内容来关注族群问题，形成民族社会学分支；② 运用政治学的概念工具、研究方法和分析框架，

---

① 马戎:《序言》,载梁茂春:《跨越族群边界：社会学视野下的大瑶山族群关系》,社会科学文献出版社2008年版,第2页。
② 马戎:《民族社会学》,北京大学出版社2004年版;《族群、民族与国家建构——当代中国民族问题》,社会科学文献出版社2012年版;《中国民族关系现状与前景》,社会科学文献出版社2014年版;《社会转型过程中的族群关系》,社会科学文献出版社2016年版。

研究民族政治生活和政治现象，开创民族政治学研究；^①还有的学者从人类学视角出发，吸收借鉴西方族群理论，研究中国少数民族的现实状况。^②正确认识和处理国家建构与族群建构的关系，对于防止民族分裂主义产生、维护多民族国家的统一和稳定具有重要的理论和现实意义。

我国是一个有56个民族的多民族国家。长期以来各民族共同生活在一起，彼此接触、混杂与融合，形成你中有我、我中有你而又各具个性的多元统一体。根据史书记载和考古发现可知，远古时代，东北地区通古斯族的山戎，北方的狄、鬼方、混夷、熏，属于羌族系统的西戎、犬戎、小戎等部渐次融于华夏。^③李济的博士论文《中国民族的形成》指出，现代中国人至少由历史上的十种民族成分构成，分别是黄帝的后代、匈奴族、羌族、鲜卑族、契丹族、女真族、蒙古族、讲藏缅语族语的民族、讲掸语的民族、讲孟-高棉语族语的民族，另外还有尚无法明确分析的戎人、突厥人和尼格里陀人。^④我国经历了由小到大、由分裂到统一、再分裂再统一的过程，完整的中国统一体不是由我国某一民族建造的，而是我国所有民族（包括历史上已消失的民族）构建的。^⑤

近代以来多民族国家的建构是中国现代化的重要标志之一。中华人民共和国成立初期，各民族不仅保存了多样化的文化形态，生产方

---

① 周平：《民族政治学》，高等教育出版社2003年版；《中国少数民族政治分析》，云南大学出版社2007年版；《多民族国家的族际政治整合》，中央编译出版社2012年版；《民族政治学二十三讲》，中央编译出版社2014年版。
② 纳日碧力戈：《现代背景下的族群建构》，云南教育出版社2000年版；《万象共生中的族群与民族》，中国社会科学出版社2015年版。
③ 吕振羽：《中国民族简史》，人民出版社2009年版，第11页。
④ 李济：《中国民族的形成》，上海人民出版社2008年版，第190页。
⑤ 翁独健：《中国民族关系史纲要》，中国社会科学出版社2001年版，第8页。

式和经济发展水平也存在较大差异。"中国各少数民族社会经济发展极不平衡，总的说来具有以下几种类型：一是约有60万人口的少数民族地区存在着不同程度的原始公社制残余；二是约有100万人口的民族地区存在着奴隶制度；三是约有400万人口的民族地区存在着封建农奴制度；四是在大多数少数民族地区共约3000多万人口，封建地主经济占统治地位，有的还不同程度地发展了资本主义经济成分。"①

我国有55个少数民族，有的聚居在国家边陲，有的长期与汉族混杂居住，有的作为流动人口往返于内地和少数民族聚居区。2007年，国家民族事务委员会主任李德洙将我国的民族状况概括为五个特点：一是少数民族人口数量多，民族成分多；二是56个民族都有非常悠久的历史；三是民族分布广泛——全国有5个民族自治区、30个民族自治州、120个民族自治县（旗），面积约占我国国土面积的三分之二，此外全国各地还分布着1173个民族乡；四是民族分布边缘化——全国2万多公里陆地边界线中的1.9万公里，135个边境县（市、旗、区）中的107个，都在民族地区，边境2000多万人口中，近一半是少数民族；五是少数民族发展滞后，由于历史原因和自然条件的限制，少数民族在经济、社会发展方面比较滞后。②

广州世居满族（俗称"落广祖"）是城市散杂居少数民族。满族是一个古老的少数民族，其族源可上溯至周代的肃慎，清以前他们世代聚居于东北的白山黑水之间，具有鲜明的民族个性。金政权与清王朝的先后建立使满族的文化形态（生活方式、文化符号与社会结构）得以丰富与彰显，一度成为一种社会范式。为了巩固王朝统治，清政

---

① 宋蜀华：《中国民族学的回顾与前瞻》，《中央民族大学学报》2003年第1期，第70页。
② 李德洙：《当代中国的民族问题和民族工作》，2007年4月20日在中央党校的讲话稿。

府陆续在全国设立了 97 个驻防点，派满洲八旗兵驻守，使满族成为全国分布最广的少数民族之一。乾隆二十一年（1756）清政府从京津地区抽调 1500 名满洲八旗官兵派驻广州，他们几乎穿越了整个中国大陆，经历了地理、生态和文化环境的急遽变化，他们的后裔即为广州世居满族。在广州的 260 余年间，广州世居满族经历了鸦片战争、辛亥革命、北伐战争、抗日战争、解放战争、新中国成立、"文革"和改革开放等时代变迁。广州是中国近现代史上的文化名城和当代改革开放的排头兵，岭南文化具有开放包容、超越传统和实利重商等特性，这些给予满族民众什么样的影响？面对时空变换和社会转型，广州世居满族的民俗生活发生了怎样的改变？定宜庄指出，直到如今，清代各八旗驻防聚居处，仍然是最活跃、保存满族文化最多、民族意识也最强烈的部分。由这一现象反观八旗驻防的历史，对满族民族意识与认同的形成过程，也许会得到某些新的启示。①

广州世居满族的祖先绝大多数是八旗兵丁，两百余年来，这个异质族群属于中下层文化群体，在史书中只能找到关于这个族群的蛛丝马迹，从民俗学的角度切入才能体现他们的真实生活与思想。本书通过对各种史料尤其是民间史料的梳理，兼顾族群的自我书写、口述史和田野调查，复原广州世居满族 260 余年的族群建构历程；通过分析 260 余年来广州世居满族民俗文化（物质民俗、组织民俗、观念民俗、口承文艺、人生仪礼、岁时民俗等）的变迁，探讨异质族群面对政治环境、经济形势、军事规范、民族政策改变及偶发性事件时，维系族群认同、促进族群壮大的内在机制，研究国家建构背景下少数民族族群如何完成现代族群建构，验证与丰富现代背景下中国的族群建构理论。

---

① 定宜庄：《清代八旗驻防研究》，辽宁民族出版社 2003 年版，第 274 页。

第二节　国内外相关研究现状

本书主要关注四个领域的研究：民族国家建构的理论与实践、族群建构研究、广州满族研究和岭南民俗文化研究。

一、民族国家建构的理论与实践

民族国家是国家形态演进过程中的一种特定形式，是近现代国际政治体制的产物。处于民族国家的丛林中，传统社会的现代化转型必然要经历建构民族国家的过程，从而在国际政治秩序中确立自己的位置。关于民族国家的研究主要集中于以下几个方面。

（一）民族国家的产生和发展

民族国家首先出现于欧洲，是中世纪以来欧洲特定社会历史文化的产物。经历了千余年民族战争、迁徙和融合，欧洲形成新的民族，产生了按照民族特性建立统一的政治共同体的要求，以民族共同体为基础建立的民族国家因此登上历史舞台。全球范围内的现代民族国家是进入17世纪后分三批逐次建立起来的：第一批民族国家产生于17世纪至19世纪初的资产阶级革命浪潮中，以英国、法国、荷兰为代表；第二批民族国家产生于19世纪上半叶至20世纪初，以德国、意大利和南美一些国家如墨西哥、巴西、危地马拉、玻利维亚、秘鲁等国为代表；第三批民族国家产生于第一次世界大战到冷战期间，非殖民化运动和民族解放浪潮使欧亚非等许多国家独立，取得了民族国家的地位。[①]

---

① 李云龙：《21世纪民族国家的命运》，《东南亚研究》2001年第6期，第57—58页。

（二）民族国家的特征

各个民族国家因为历史文化和现实国情的差异，在世界政治经济体系中所处位置和具体诉求各不相同，所以每个民族国家都有各自鲜明的个性。周平认为民族国家是主权国家，是民族认同与国家认同相统一的国家，是人民的国家。① 也有学者对民族国家的特点进行了更细致的概括：第一，主权独立和国家统一；第二，用中央集权的行政管理体制来解决分封制带来的封建割据问题，维护国家法令、政令的统一，以确保行政管理的向心力；第三，用政权民主化调动国民参与国家管理，并获取国民对国家的拥护和忠诚，促进国民性与国家政权的统一，以保证国家政权的合法性；第四，建立统一的国民经济体系和商品流通市场，将全体国民整合为一体，促进社会同质化，这是建立集中统一的国家权力的基础。②

（三）民族国家面临的挑战

全球化时代的几大重要发展趋势对民族国家的作用及地位都构成了挑战。第一，信息技术发展突飞猛进，通过全球通讯体系不断形成全球性的文化和价值认同。吉登斯认为，当下人类生活在第四次交流方式重要变革的时代。③ 七八千年以前人类第一次文明的起源是随着文字记录的出现而出现的，它使时空的转变成为可能，使大型社会组织可以穿越广袤的时间和空间，因此第一次通信工具创造了第一次文明。第二次文明是随着印刷术的发明而出现的。民族国家的起源与印刷术的发明是分不开的。因为有了印刷术，人们生活的情况和历史被记载和传播。第三次文明是19世纪电报电信的发明以

---

① 周平：《对民族国家的再认识》，《政治学研究》2009年第4期，第91页。
② 张树青、刘光华：《关于民族国家的思考》，《兰州大学学报》1999年第4期，第31—32页。
③ 安东尼·吉登斯著，郭忠华、何莉君译：《全球时代的民族国家》，《中山大学学报》2008年第1期，第3页。

及随之而来的工业文明。人们不见面也能与他人进行异地联系，这使大型组织机构的成立成为可能。第四次文明是信息时代的成果，信息网络带给我们的既是个人的也是与全球同步的信息，但是世界范围的广泛交流大大提高了民族国家的社会动员和认同整合的难度。

第二，全球市场的重大结构变化对国家共同体构成巨大挑战。由市场的全球化催生的分散化和非国土化趋势变得更加明显，跨国经济实体增多，经济的相互依赖性加强，国际或地区性组织的影响和重要性也日益增强，民族国家引导和规范其自身政治和经济的能力有所下降。

第三，民族国家一方面推动了世界范围的非殖民化进程，另一方面又被某些民族分裂势力所利用，少数大国推行霸权主义和强权政治，一些国家的民族分裂势力也借机抬头，制造分裂事件。全球时代已经来临，很多民族国家出现了新的形势或者正在经历转型。

（四）民族国家建构

民族建构和国家建构是民族国家建构过程中相互影响和制衡的两个方面。国家建构包括国家政治体制、制度的建设，包括行政资源的整合和集中，以便国家能够对其主权范围内的领土实施统一的行政控制。民族建构主要包括共同体的记忆、神话以及象征性符号的生长、培育和传递，共同体的历史传统和仪式的生长、选择与传递，共享文化（语言、习俗、宗教等）可信性要素的确定、培育和传递，通过标准化的方式和制度在特定人群中灌输可信性价值、知识和态度，对具有历史意义的领土或者祖国的象征符号及其神话的界定、培育和传递，在被界定的领土上对技术、资源的选择和使用，特定共同体全体成员的共同权利和义务的规定等。[①]

[①] 安东尼·史密斯著，龚维斌、良警宇译：《全球化时代的民族和民族主义》，中央编译出版社2002年版，第107页。

国家建构与民族建构同时发生在民族国家现代化的历史进程中，并保持着复杂的互动关系。民族建构的过程更强调那些具有主观性的东西，如象征符号、神话、记忆、传统、仪式、价值观以及与权力相连的态度、情感等。国家建构则不仅包含了诸如法律、制度、机构的建设这些客观而实在的内容，而且还通过制定法律制度等客观性活动，巩固建构民族性过程中取得的成果，使关于民族的一系列主观性的内容获得法律地位，成为新的民族特性。民族建构和国家建构往往相互为用，民族建构通过国家的权力使特定的文化价值观制度化，国家建构则从民族建构中获得国民的认同和社会凝聚力。[①]

二、族群建构研究

（一）族群建构研究

国内外学者从各自的学科角度对此进行了广泛讨论。精神分析学家弗洛伊德认为认同是个人与他人、群体在情感上、心理上趋同的过程。[②] 王希恩教授认为，"民族认同即是社会成员对自己民族归属的认知和感情依附"。[③] 庄锡昌教授认为民族认同有广义和狭义之分，广义的民族认同指对某一主权民族国家的认同，也就是国家认同；狭义的民族认同指一个国家内部的各民族对自身文化的认同，也就是族群认同。[④] 周大鸣教授认为共同的历史记忆和遭遇是族群认同的基础要素，语言、宗教、地域、习俗等文化特征是族群认同的一般要素，同时，家庭、亲属、宗族的认同也会影响到族群认

---

① 王建娥：《国家建构和民族建构：内涵、特征及联系——以欧洲国家经验为例》，《西北师范大学学报》2010年第2期，第23页。
② 车文博：《弗洛伊德主义原理选辑》，辽宁人民出版社1988年版，第375页。
③ 王希恩：《民族过程与国家》，甘肃人民出版社1997年版，第140页。
④ 庄锡昌：《多维视野中的文化理论》，浙江人民出版社1987年版，第45—48页。

同。① 张海超教授认为族群认同的依据最少包含三个方面：文化是族群认同的基础和天然边界，历史记忆为其提供合法性，而两者必须接受社会因素的改造。② 近年来，学界同仁就民族认同与民族关系等问题在全国各地进行了广泛深入的调查研究，肯定了族群认同在少数民族存续和发展中的重要作用。③

（二）族群建构模式和族群关系研究

人类文明的进步推动着人口迁徙，尤其是工业革命之后，科技进步、经济富裕的资本主义国家吸引了文化背景复杂、人数众多的外来移民。北美大陆最初的移民主要来自西欧地区，19世纪中后期，德国、爱尔兰以及东南欧移民大量涌入美国。1882年后美国实行限制性移民政策，移民的数量与来源得到一定程度的控制。1965年通过的新的移民和国籍法改变了对有色人种的歧视性移民政策，大量拉丁裔与亚裔移民涌入美国。1990年代以来移民以更大的规模涌入美国，西裔美国人取代非裔美国人成为最大的少数族裔群体，亚裔美国人是增长最迅速的少数族裔群体。据目前人口统计数字推断，到2050年，美国人口将主要由有色人种组成，主要为拉丁裔、非裔、亚太岛上居

---

① 周大鸣：《论族群与族群关系》，《广西民族学院学报》2001年第2期，第16页。
② 张海超：《微观层面上的族群认同及其现代发展》，《云南社会科学》2004年第3期，第81—82页。
③ 纳日碧力戈：《现代背景下的族群建构》，云南教育出版社2000年版；彭兆荣：《实践于历史与想象之间——客家族群性认同与宁化石壁公祭仪式》，《思想战线》2001年第1期；巫达：《族群性与族群认同建构：四川尔苏人的民族志研究》，民族出版社2010年版；张宝成：《民族认同与国家认同——跨国民族视阈下的巴尔虎蒙古人身份选择》，人民出版社2012年版；张慧真：《教育与族群认同——贵州石门坎苗族的个案研究（1900—1949）》，民族出版社2009年版；李洁：《新疆南疆地区汉族移民及民族关系研究——以阿克苏地区拜城县农村汉族移民及民族关系为例》，民族出版社2010年版；王华：《空间、记忆与"他者"：苏南回民村族群认同的建构》，《西北民族研究》2016年第2期。

民与其他散居在外的人以及原住民，美国正在向少数民族多数化发展。①加拿大联邦1867年建立时，英、法裔居民占总人口的91.6%。1971年特鲁多总理宣布实行双语和多元文化政策时，加拿大只有5%的人不是白人。到1991年，非欧裔、非白人种族的人口达到总人口的10%。②

随着移民时代的到来，西方国家需要妥善处理各族群之间的关系，以维护多族群的民族国家的稳定和持续发展。他们从生物学、社会分层、资源占有等角度解析族群建构与族群关系，也有学者从文化结构和社会结构等视角予以审视，提出了自由主义、同化主义和内部殖民主义等多种族群建构模式。当下流行最广和具有代表性的是文化多元主义理论，其代表人物有美国社会学家戈登和加拿大学者威尔·金里卡。戈登于1964年出版了《美国生活中的同化：种族、宗教和族源的角色》一书，将美国处理民族关系的社会目标分为三个阶段。第一阶段为"盎格鲁-撒克逊化"，也被称为同化阶段。最初北美13个州都是英国殖民地，移民主要来自英国，拥有盎格鲁-撒克逊文化背景。政府为了迅速同化移民，要求所有移居美国的人都学习这种文化，形成以强化盎格鲁-撒克逊民族的传统文化为中心的文化导向，这一过程持续到第一次世界大战前夕。随着欧洲遭受第一次世界大战的冲击，大量来自意大利、德国和北欧、东欧各国的移民不断涌入美国，改变了人口的成分和比例，形成许多有特定文化背景的种族集团。政府希望各族裔在日常行为、价值观念、思维方式、语言等方面的差异及冲突经过长期的相互调试，融汇成具有美国文化特质的新的民俗文化。因此这一阶段叫做熔炉主义。到了20世纪五六十年代，熔炉主义并没有像政治家和学者预期的那样实现，实际情况

---

① 周莉萍：《美国多元文化政策初探》，《国际论坛》2005年第3期，第62页。
② 高鉴国：《加拿大多元文化政策评析》，《世界民族》1999年第4期，第41页。

是，不同族群的居民虽然经过了很长时间的共同生活，文化差异并没有消失，依然保持着自己鲜明的传统文化特点和非常清醒的民族意识，保存了自己民族的语言、人际关系网络甚至社会结构。在移民群体要求获得平等权利的压力之下，美国政府放弃了上述两种模式，转向了更为宽容的文化多元模式，承认不同民族之间的差异，允许并在实际上支持少数群体保持自身的文化传统，满足他们的权利要求。这一阶段被称做文化多元主义。戈登以美国社会发展为范本，提出理解和分析族群关系的变量体系，系统分析了美国社会的族群结构和族群演变历史，讨论了美国社会对族群政策的代表性观点，并对美国社会族群关系的发展趋势提出独到见解。[1]

1960年代以来，西方学者将研究视野从美国国内扩展到整个西方世界，并且越来越关注经济、政治、社会、教育与文化的整体互动，研究现代社会的族群关系。作为一种社会政治理论，文化多元主义产生于20世纪末期，其核心理念滥觞于哈贝马斯的宪政民主思想、查尔斯·泰勒的政治承认理论，以及解构主义和后现代理论。[2]20世纪五六十年代，由美国黑人率先掀起、其他少数族裔迅速响应的民权运动，以及随后相继爆发的妇女权利、反正统文化和同性恋权利运动，都极大地提高了这些少数群体的平等权利意识，为80年代文化多元主义的兴起创造了有利的社会文化氛围；来自中南美洲和亚非地区的移民在美国总人口中的比例大幅度上升，极大地改变了美国的人口结构，他们对政治经济文化各方面的平等诉求是文化多元主义兴起的直接原因。

---

[1] 米尔顿·M.戈登著，马戎译：《美国生活中的同化：种族、宗教和族源的角色》，译林出版社2015年版，第76—122页。
[2] 王恩铭：《也谈美国文化多元主义》，《国际观察》2005年第4期，第11页。

文化多元主义试图在尊重多元文化、承认差异的基础上论证少数族群文化权利的正当性及其与自由主义理论和宪政体制的相容性，从而为多民族国家建构提供另一种理论原则和实践政策。因为触及美国传统社会的政治和文化结构，同时其目标需要大量的社会改革措施才可实现，社会各界对文化多元主义的争论一直没有停止，如夸大其新种族主义的倾向、称其为乌托邦式幻想、伪科学和静止的文化观等。①

1971年加拿大政府为解决国内种族、民族矛盾，将文化多元主义作为一项公共政策提出来。加拿大女王大学哲学教授威尔·金里卡从政治、体制、教育、语言等方面对西方民族主义做了系统的研究，在自由、公正、民主的自由主义价值体系内对少数群体的权利问题进行了阐述。②加拿大的不同族裔群体更加清楚地认识到加拿大社会的多样性特征，几乎所有的少数族裔文化群体都希望融入现代社会，并为此做出了不同程度的努力。对于这些不同的反应，金里卡提出了对五类少数群体的权利要求以及政府为满足这些要求而采取的措施。这五类群体是：少数民族群体、移民群体、种族-宗教群体、非公民定居者和非洲裔美国人。他们的权利要求主要涉及公民资格、公民权利、公民义务和对国家的认同等方面。③这些看似为了满足少数群体的利益要求、帮助少数群体自我发展的文化多元主义政策，目的是促进民族国家内部的整合，从而实现民族国家建构的目的。

---

① 李明欢：《"多元文化"论争世纪回眸》，《社会学研究》2001年第3期，第102—104页。
② 〔加〕威尔·金里卡著、邓红风译：《少数的权利：民族主义、文化多元主义和公民》，上海译文出版社2005年版。
③ 〔加〕威尔·金里卡著、刘莘译：《当代政治哲学》，上海译文出版社2011年版，第479—492页。

我国民族学者对少数民族族群文化变迁的研究是从民族聚居地开始的，多年来一直以此为研究重点。中央研究院社会科学研究所民族组成立伊始，即派出研究人员调查了东北赫哲族、浙江畲族、广西瑶族、湖南苗族、滇缅边境民族、台湾高山族等。燕京大学社会学系组织学者分别到北平、河北、山西、山东、福建、广东等地进行田野调查，研究社会结构、家族制度、婚姻和亲属关系等问题。中山大学和岭南大学学者也进行了海南黎族、苗族、广东客家、瑶族等族群的调查。① 抗日战争爆发后，中国民族学家在西部地区进行了更为广泛的田野调查，足迹遍及云南、贵州、四川、甘肃、青海、新疆、西藏等地，覆盖了中国大部分地方。② 如民族学家凌纯声对东北地区的赫哲族进行了为期三个月的调查，范围涉及历史、文化、语言和民间文学等内容，写出《松花江下游的赫哲族》一书；林耀华先生对凉山彝族社会生活变迁进行了追踪调查，完成《凉山彝家》等著作。

　　新中国成立后，中央民族学院于1952年成立研究部，集中了清华、燕京、辅仁、中山等高校和其它科研机构的专门人才，开展民族研究工作。各地成立的民族学院也先后开展了民族研究工作。北京大学、厦门大学、中山大学、云南大学等综合性大学开设了有关民族学的课程。在这前后民族学者继续深入少数民族地区调研，如1950年林耀华、陈永龄带领燕京、北京、清华等大学社会学系师生到内蒙古呼伦贝尔大草原调查蒙古族社会历史，写出了有价值的考察报告。1951年费孝通深入贵州省少数民族地区进行调查，写出《兄弟民族在贵州》一书。同年李安宅、林耀华、宋蜀华、王晓义等去

---

① 王建民：《中国民族学史》上卷，云南教育出版社1997年版，第167—185页。
② 王建民：《学术规范化与学科本土化——中国民族学学科百年回眸》，《民族研究》2000年第1期，第11页。

西藏进行社会调查，为确定西藏社会性质属于农奴制提供了第一手资料。①

改革开放以来，少数民族族群与中国社会一起经历着政治、经济、文化制度的转型，发生了剧烈的变迁。费孝通先生1989年提出"中华民族多元一体格局"，利用多年积累的研究资料和详实的数据论证了我国目前的56个民族相互依存、相互影响的发展历史，提出中华民族是56个民族的多元形成的一体，要坚持以各民族平等和共同繁荣的原则来处理各民族之间的关系。②学者们致力于探讨中国由传统社会向现代社会转型过程中少数民族的族群建构模式、族群认同与族群发展之间的关系，如纳日碧力戈对现代背景下的族群建构的研究、定宜庄对福建满族族群意识的研究、斯蒂文·郝瑞和巴莫阿依对彝族社区族群关系与民族认同的研究、彭兆荣对贵州省黔南州青裤瑶族群认同变迁的研究等；还有一些学者关注城市中少数民族流动人口及其文化适应问题，尤其侧重于少数民族人口流动对城市的经济发展、人力资源、社会结构等方方面面造成的影响。他们认为都市化过程实际是多民族、多文化形成过程，共同的文化渊源是族群的基础，文化又是维持族群边界的基础，一个少数民族聚落就是一个民族文化的窗口，同时它还具有发展民族传统文化、吸收他族文化的功能。他们对北京甘家口"新疆村"和牛街回族聚居区，深圳、东莞和厦门等地少数民族打工者群体的研究都为我们提供了很好的研究范例。

（三）族群认同与国家认同关系研究

当今世界绝大多数国家都面临着日益增长的少数民族、移民群体与弱势群体的权利诉求和文化主张的压力。20世纪中期以来各理

---

① 宋蜀华：《中国民族学的回顾与前瞻》，《中央民族大学学报》2003年第1期。
② 费孝通：《中华民族的多元一体格局》，《北京大学学报》1989年第4期。

论流派关于族群关系的论争主要围绕族群认同与国家认同的关系这一核心问题展开。各国学者普遍认为，国家认同强调政治上的归属，族群认同侧重文化上的归属。文化多元主义者在美国20世纪处理族群关系的文化多元模式基础上提出差异公民概念。这意味着政府在基于个人主义的立场保障每一个普通公民平等权利的同时，还要承认和包容少数族群的身份和权益，赋予其特殊的"少数权利"。其实质是既承认他们公民身份中的公共价值取向，又承认他们的族群身份差异性。现代民族国家本身就是一个文化与政治的结合，是在族群基础上形成的国家共同体。

三、广州世居满族研究

满族是一个起源于松花江流域和长白山地区的少数民族，从文献记载来看，有三千多年的历史。满族不仅有悠久的历史、灿烂的文化，还曾在中国的历史进程中起过重要的作用。清朝实行八旗驻防军事制度，在全中国各地97处驻防点派驻了满洲八旗官兵，其后裔在驻防地繁衍生息，使满族成为全国分布最广的少数民族之一。

广州世居满族是清乾隆二十一年（1756）由京津八旗部队中抽调、派驻广州的满洲官兵的后裔。在广州生活的260多年里，他们的命运几经起伏，伴随着时代的波澜积极、顽强地生活至今。我们将对广州世居满族的记载与研究大致分为四个阶段。

第一个阶段：官修史志阶段

八旗制度是满族独有的融政治、经济、军事、文化、行政管理于一体的组织制度。八旗驻防是清政府在全国部署的重要军事举措。关于广州驻防也就是广州世居满族祖先的最初记载见于《八旗通志》。《八旗通志》先后有《八旗通志初集》和《钦定八旗通志》（又名《八旗通志二集》）两部问世。《初集》二百五十卷，于雍正五年（1727）

奉敕纂修，乾隆四年（1739）成书。所收事迄于雍正朝，分旗分、土田、营建、兵制、职官、学校、典礼、艺文八志，封爵、世职、八旗大臣、宗人、内阁大臣、部院大臣、直省大臣、选举八表，宗室王公、名臣、勋臣、忠烈、循吏、儒林、孝义、烈女等列传。《二集》三百五十六卷，于乾隆三十七年（1772）敕撰、嘉庆元年（1796）刊行。除续修乾隆一朝有关八旗记事之外，也收入《初集》，并作了某些删订和增补。《八旗通志》初、二集是清代八旗资料的集大成者，涉及广州八旗的篇章有限，对驻防广州的满洲官兵的派驻时间、营建制度、官兵编制、礼仪待遇等都有记载，是了解落广祖工作和生活情况的最初史料。

满洲八旗官兵从清乾隆二十一年开始驻防广州，在有清一代的广州地方志中不乏对他们的官方记载。《（康熙）新修广州府志》即云："广州满城，康熙初设，在府城西北隅。"① 在康熙、乾隆和光绪年间三个时期编著的地方志中均有对满城中官兵信仰的记载，既有入粤初期的萨满崇拜，也有后来被强化的观音信仰，还有初建于康熙年间、乾隆后广为建置的满族宗祠。② 另外对满族官兵的经济情况有较为详尽的记录，由衣食无忧地享用钱粮到"（嘉庆）帝革八旗饷银，本府人户有族散乞讨者"，③ 脉络清晰。在清代，广州是"一口通商"的全国外贸中心，接纳着全国各地的流入人口，地方志中关于清代满人的记录并不局限于驻粤官兵，还有到广州经商、从政、游学的满族人士。

在驻防广州四十余年后，八旗官兵开始编纂驻防志。嘉庆六年（1801），广东驻防旗营编《广东驻防旗营事宜》，记录满汉旗营的人

---

① 《（康熙）新修广州府志》，第542页。
② 施国新：《清代广州府志所载广州满族考述》，《满族研究》2015年第3期，第49—51页。
③ 《（光绪）广州府志》，第125页。

口、官职、建置、管理情况;道光九年(1829)镇粤将军、太子少保、世袭云骑尉长白庆保编纂《广州驻防事宜》,在"序"中回溯了康熙二十一年平定"三藩之乱"以后,先后派遣汉军八旗和满军八旗驻防广州的史实。该书主体部分按照疆域、驻防官兵额数、人口、钱粮马匹、奉饷、领盐、器械、驻防、学堂、茔地等对驻防情况进行了详细记录;光绪元年(1875),广州将军长善奉命主持编纂《驻粤八旗志》。此书创修于光绪元年,光绪五年初刊,光绪十年续修,计二十五卷(含卷首),分敕谕、建置、经政、职官、选举、人物、杂记七大部分。除文字外,还有地图、水陆战图七十余幅,"是记载清代广州驻防八旗在政治、经济、军事、文化等各方面的典章制度及其社会生活、风俗习惯、人物事迹的珍贵历史资料","为数种八旗驻防志中卷秩最多、内容最丰富的一部"。[①] 另外还有光绪年间佚名编的公文辑录《广州驻防旗务公文》两卷。

此外,清代记载八旗驻防的志书还有《福州驻防志》(乾隆九年)、《荆州驻防八旗志》(光绪五年)、《京口八旗志》(光绪五年)、《杭州八旗驻防志略》(光绪十九年)、《绥远旗志》(光绪三十四年)等。这些志书已由辽宁省少数民族古籍出版规划办公室的马协弟点校,编入《清代八旗驻防志丛书》出版,为广州世居满族的背景研究和比较研究提供了扎实的资料。

第二个阶段:新中国成立后的民族调查阶段

1950年代到1960年代初,中国政府进行了大规模少数民族社会历史调查和语言调查,参加调查的各学科人员达千人以上,获得调查资料3000多万字。以此为基础,从1958年起由国家民族事务

---

① 马协弟、陆玉华:《驻粤八旗志整理说明》,马协弟主编:《清代八旗驻防志丛书·驻粤八旗志》前言,辽宁大学出版社1990年版。

委员会主持编辑的《民族问题五种丛书》陆续出版,包括《中国少数民族》《中国少数民族简史丛书》《中国少数民族语言简志丛书》《中国少数民族自治地方概况丛书》《中国少数民族社会历史调查资料丛刊》。《满族社会历史调查》针对当时全国十余个城乡的满族族群进行了历史溯源和现实调研,介绍了广州满族从清代到新中国的政治经济状况和风俗习惯。[①]1961年中国人民政治协商会议广东省委员会文史资料研究委员会编著的《广东文史资料》[②]和广州市政协学习和文史资料委员会在当时的调查资料基础上整理出的《广州文史资料存稿选编》[③]以口述史和回忆录的形式记载近现代广东省的重要事件和人物,对广州世居满族的变迁也有涉及。1962年为响应国务院总理周恩来整理"三亲"(亲见、亲闻、亲历)资料的号召,在广州市民族事务委员会的领导下,满族民众组成广州市满族文史资料编写研究组,以访问和回忆的方式在广大族胞中收集了大量资料,编辑了《广州满族文史资料选辑》(第一辑),选入稿件37篇,4万余字,内容包括来粤源流、政治经济、文化教育、风俗习惯及满族史料片段等五部分,是广州满族第一次以内部发行的方式出版的调研资料。以当时搜集的材料为基础的《广州满族文史资料选辑》(第二辑)也已定稿,但是"文革"期间全部丢失。经过族胞的回忆和复原,《广州满族文史资料选辑》(第二辑)1988年出版,内容包括满族源流、经济生活、特殊性历史、生活在民族平等时代、人物志、见闻录等六个部分。[④]这在一定程度上弥补了广州

---

① 《民族问题五种丛书》辽宁省编辑委员会、《中国少数民族社会历史调查资料丛刊》修订编辑委员会编:《满族社会历史调查》,民族出版社2009年版。
② 中国人民政治协商会议广东省委员会文史资料研究委员会编:《广东文史资料》,广东人民出版社1961年版。
③ 广州市政协学习和文史资料委员会主编:《广州文史资料存稿选编》,中国文史出版社2008年版。
④ 《广州满族文史资料选辑》(广州市满族联谊会内部资料)第一辑,1963年;第二辑,1988年。

满族的近现代史料的不足。

第三个阶段：民修史志阶段

"文革"结束以后，民族工作得以恢复。1984年9月18日，广州满族联谊会成立。负责人汪宗猷编写了《广东满族简史》《广州满族志》《越秀区满族志》《广东满族史》等著作，并收集整理了《广州满族研究资料汇集》(1995年12月)、《广州满族研究资料汇集补遗》(1997年9月)、《在改革开放中的广州满族》(1996年12月)、《满族工作五十年》(1999年9月)、《南粤满族文集》(2000年10月)、《南粤满族文集Ⅱ》(2003年5月)和《广东满族》等系列文献资料，将广州世居满族历史和发展脉络进行了系统整理。1988年10月，广州市满族联谊会决定编辑出版《满族通讯》，每年四期，以报道、通讯、专稿、动态及转载的形式反映广州满族的活动情况，介绍各地满族的动态。这一时期，随着文化建设的全面复苏，广州满族的研究文章也陆续出现在相关刊物和文集中，有汪宗猷和李国的《广州满族的风俗习惯》[1]，马协弟的《清代广州满族述略》[2]和《广州满族访问记》[3]，汪宗猷的《广州旗民小考》[4]、《广州满族在发展过程中形成的特殊性》[5]、《浅谈满族节日》[6]、《满族宗教信仰浅析》[7]和《二百年来广州满族经济生活的变迁》[8]，陈延超的《民族社团与都市少数民族传统文

---

[1] 汪宗猷、李国：《广州满族的风俗习惯》，《广州研究》1985年第1期。
[2] 马协弟：《清代广州满族述略》，《满族研究》1988年第1期。
[3] 马协弟：《广州满族访问记》，《满族研究》1988年第2期。
[4] 广东省民族研究所编：《广东民族研究论丛》(第一辑)，广东人民出版社1986年版。
[5] 广东省民族研究所编：《广东民族研究论丛》(第四辑)，广东人民出版社1988年版。
[6] 广东省民族研究所编：《广东民族研究论丛》(第八辑)，广东人民出版社1995年版。
[7] 广东省民族研究所编：《广东民族研究论丛》(第十辑)，广东人民出版社2000年版。
[8] 中国人民政治协商会议广东省委员会文史资料研究委员会编：《广东文史资料》(第三十五辑)，广东人民出版社1982年版。

化——以广州市满族联谊会为例》①等。

总的来看,这些由民族研究者和广州世居满族中的知识分子搜集和编撰的文献资料,对广州世居满族的历史、风俗习惯和生活样态做了真实记录,为广州满族研究奠定了良好的基础。与此同时,满洲八旗驻防吸引了越来越多的研究目光。葛剑雄主编的《中国移民史》专门探讨了有关清中期满人的东迁及入粤问题②;定宜庄的《清代八旗驻防研究》指出,八旗驻防制度涉及清代政治、军事、社会、民族关系和经济生活的方方面面,是一个非常有意义的研究课题。她以清代官方文献为主,尤其梳理了相当数量的满文资料,兼采方志和清人笔记,详述从顺治初入关(1644)到乾隆六十年(1795)这一时期,八旗驻防制度从酝酿、创立直至发展完备,并在乾隆中叶以后开始衰落的过程,其中不乏对广州八旗驻防的论述。③值得一提的是,韩国学者任桂淳以《驻粤八旗志》《杭州八旗驻防营志略》《荆州驻防八旗志》为主要依据,撰写了《清朝八旗驻防兴衰史》一书,着重探讨驻防兵饷和兵丁生计等问题,提供了八旗驻防研究的海外视角。④

第四个阶段:专业研究阶段

2001年广州市满族联谊会更名为广州市满族历史文化研究会。满研会在延续广州满联会工作宗旨的基础上尤其强调"对广州满族同胞关心的民族共通问题和本市满族历史文化和现实状况开展研究,振奋民族精神,为促进各民族紧密团结与构建和谐社会贡献力

---

① 陈延超:《民族社团与都市少数民族传统文化——以广州市满族联谊会为例》,载中国都市人类学会秘书处编:《城市中的少数民族》,民族出版社2001年版。
② 葛剑雄主编:《中国移民史》(第五卷),福建人民出版社1997年版。
③ 定宜庄:《清代八旗驻防研究》,辽宁民族出版社2003年版,第2页。
④ 任桂淳:《清朝八旗驻防兴衰史》,生活·读书·新知三联书店1993年版。

量"。① 满研会 2011 年办了民族图书室，2013 年建成广州满族文化陈列馆，对满族同胞进行普及性的民族文化教育；同时满研会进一步强化专业性的民族文化研究，在会刊《广州满族》上开辟了《妙吉祥论坛》《八旗史话》等专栏，发表了一系列研究广州满族的源流、历史、建置、人口、制度、风俗的学术文章，涌现出金玉阶、伍嘉祥、黄兆辉、朱广、沈延林等广州满族学者。近年来，他们系统整理了驻粤八旗史料，在《满族研究》《贵州民族研究》等民族学专业刊物上发表了学术论文。广州满族学者对自身的研究不仅仅局限于记录和描述，而是以民族学专业理论为指导，将历时的变迁研究与共时的比较研究相结合，展示出广州满族学者的整体实力。

四、岭南民俗文化研究

岭南民俗的记载最早见于汉代杨孚的《异物志》和唐代刘恂的《岭表录异》，他们初步描绘了岭南的风土人情。清代文人较为详细地记录了岭南民俗，如仇巨川的《羊城古钞》、范端昂的《粤中见闻》、屈大均的《广东新语》、李调元的《粤东笔记》等。"文革"以后，岭南区域民俗研究获得长足发展，突出成果有叶春生的《岭南民间文化》《岭南俗文学简史》《广府民俗》、刘志文的《广东民俗大观》、方烈文的《潮汕民俗大观》，以及谭元亨主编的《客家民俗丛书》、龚伯洪主编的《广府民俗源流》等。他们指出岭南地区自秦汉以来，受到中原文化的强大影响，但岭南民俗仍保留了许多独特现象，古老而又年轻，处处迸发出中西撞击的火花；活泼多样，充满水乡浪漫情调；极富人情韵味，带有浓郁的市井风情。这些特点铸就了

---

① 广州市民族宗教事务局门户网站：http://www.gzmzzj.gov.cn/mzzjswj/mztt/201701/e4084f6e6f964ad7920df148c8c522e3.shtml，2017 年 1 月 20 日。

岭南民俗文化特质：善于吸收外来文化的开放风气、努力超越传统导向的进取精神、实利重商的文化倾向。①1992年以来，在广州连续召开了几次关于岭南文化的学术研讨会，先后出版了《岭峤春秋——岭南文化论集》（1—5），另有《岭峤春秋——海洋文化论集》《岭峤春秋——珠玑巷与广府文化论集》等论文集，对岭南文化做了比较全面系统的阐释。从民俗生活变迁的视角分析广州世居满族的族群建构，需要在岭南民俗情境中考察满族的日常生活。

我们认为，在民族国家建构的背景下研究广州世居满族，既要吸收西方前沿理论，又要借鉴多学科的视角与方法。中国不仅承载了近代意义上的民族国家概念，也因为自己独特的文化传统、与西方不同的世界观和价值体系，使得中国民族问题研究呈现出复杂表象和阐释维度，需要综合民族学、民俗学、文化人类学、历史学、社会学等多学科方法共同观照民族问题，寻找具有中国特色的少数民族现代化道路。

第三节　本书资料来源

本研究的资料来源包括三条渠道：一是史籍、地方志和调研报告等官修文献中关于满族的记载，二是广州世居满族中的知识分子编纂的民修典籍，三是本课题研究者在辽宁省满族聚居地进行田野调查和参与广州世居满族同胞的生活与工作，收集到的第一手资料。

史籍、地方志和调研报告　广州满族八旗兵在入粤之前，他们与其他地方的八旗兵丁经历相似，都是发源于黑龙江、松花江的建

---

① 叶春生：《岭南民间文化》，广东高等教育出版社2000年版，第12—19页。

州女真人的后代，经过南迁、入沈、入关等几个历史阶段，成为清朝统治者的嫡系部队，后来被遣南下。对广州满族族群的研究不能切断其历史渊源，我们查阅了《元史》《明史》《大金国志校正》《清史稿》《八旗通志》《清实录广东史料》《清稗类钞》等文献，还有从东三省、北京、天津收集到的满族入关前后的一些风俗志。八旗兵丁入粤之后，到辛亥革命前，陆续编修了几部驻粤八旗文献，记录其政治、管理、生活状况等，分别为嘉庆六年（1801）广东驻防旗营编的《广东驻防旗营事宜》、道光九年（1829）镇粤将军庆保辑录的《广州驻防事宜》、光绪元年（1875）广州将军长善主持修撰的《驻粤八旗志》、光绪十年（1884）佚名《广州驻防旗务公文》。在《广东通志》、《（康熙）新修广州府志》、《（乾隆）广州府志》、《（光绪）广州府志》、《（同治）番禺县志》等地方志和《广州城坊志》《粤海关志》等书中对满族驻防官兵也有零星记载。新中国成立后，在少数民族社会历史调查和语言调查基础上编撰的《满族社会历史调查》、广东省政协编著的《广东文史资料》和广州市政协编著的《广州文史资料存稿选编》，也记录了广州世居满族的发展变迁。

民修典籍 1912—1949年间，满族民众遭受一定程度的民族歧视，这一时期广州的官修文献对其记录十分有限。对他们的了解，只能凭借族群中知识分子自发编纂的民修文献。这些典籍，有的是族群中一些不识字老人对过去生活和祖辈讲述的回忆，由识字的族胞真实记录下来，如1963年和1988年广州满族联谊会分别编撰的《广州满族文史资料选辑》第一辑和第二辑，收录了大量满族老人的口述实录，这些材料虽然比较粗糙，但是真实性高，为本书提供了来自民间的第一手历史材料；另一部分是改革开放以来，满族知识分子又一次收寻民间记忆，比较系统地记录下广州满族的发展史和生活志，他们先后编撰了《广州满族简史》《广东满族志》《越秀区满族志》《广州满族研究资料汇集》《广州满族研究资料汇集补遗》《在改革开放中的广州满族》《满族工作五十年》《南粤满族文集》《广东满族》《广东满族史》《驻粤八旗史料汇编》等，满研会长期出版《满族通讯》刊物（后改名为《广州满族》）。这些大部分是内部资料，积累了辛亥革命以后广州世居满族的研究资料，给予本书写作一定启发，更重要的是提供了线索，使笔者能够寻查记录中的人物和事件进行田野调查和深入研究。

田野调查 项目负责人是满族，具有从满族发源地东北地区移民到广州的生活经历，从 2002 年 1 月开始参加广州市满族历史文化研究会的各项活动，通过参与观察和深度访谈，对广州满族的生活历程和现状进行全面了解，访谈不同年龄段的满族族胞、满族社团和政府民族宗教部门工作人员三十余人，一方面对广州世居满族的民修文献进行核实，另一方面力争真实客观地记录他们的生活与思想。同时，笔者还利用假期回东北探亲的机会考察了辽宁省部分满族聚居地民族习俗的存留情况，作为考察广州世居满族民俗生活变迁的对照系。

第一章
广州世居满族的存续时空

第一节 满洲八旗官兵驻防广州的社会背景

一、满洲八旗官兵驻防广州的政治原因

1644年，清朝定都北京，留大部分八旗兵拱卫京师，同时在南下作战的过程中，在各战略要地和重要城市派驻其精锐部队——八旗兵，从而形成了八旗驻防制度：

> 八旗驻防之兵，大类有四：曰畿辅驻防兵，其藩部内附之众，及在京内务府、理藩院所辖悉附焉；曰东三省驻防兵；曰各直省驻防兵，新疆驻防兵附焉；曰藩部兵。(《清史稿·兵志一》)

八旗驻防作为清政府统治各地的强大武力后盾，对内镇压汉人反叛，对外抵御外部侵略，并且有效地监视绿营兵，起到维护统治的作用。其中各直省驻防制于顺治二年（1645）始设，先后在江宁、西安、太原、德州、杭州、宁夏、福州、广州、荆州、青州、凉州、庄浪、绥远、热河等地驻防八旗，形成沿海防线、黄河防线、长江防线、运河防线和长城防线等一系列布防。八旗驻防驻守于全国各大省会、重要

城镇、水路要塞、边疆海防，控制着京师以外所有重要的军事据点，由此构成清政府控制全国的骨干力量。

广州是中国的南大门，驻守岭南是维护全国政局稳定的关键环节。1647年，征讨中原的清军"分兵过岭进取广东，先克潮、惠，伪唐王弟朱聿鐭妄称尊号，窃据城池，我师进剿，复斩朱聿鐭及伪周王朱肃等十五人，地方以次削平，人民悉皆安堵"（《清世宗实录》卷三十二）。顺治十一年（1654）二月圣谕指出："广东领海要区，新经底定，抚绥弹压，善后宜周，平南王尚可喜专留镇守。"（《清世宗实录》卷八十一）为保障岭南政局稳定，顺治帝特派明降将尚可喜镇守广东，但是藩镇制沿袭了不到二十年就发生了著名的"三藩之乱"。

康熙十二年（1673年）十一月，统辖云贵的平西王吴三桂以康熙帝颁布撤藩令为由发动叛乱，扯起"复明"旗号。随后，耿精忠据福建叛、尚之信据广东叛，滇、黔、湘、川、桂、闽六省俱失，战乱扩大到赣、陕、甘等省，这就是清初的"三藩之乱"。年轻的康熙帝采取大力讨伐与招抚笼络双管齐下的策略，于康熙二十年平定了延续八年之久的叛乱。平叛之后，出于慎重起见，派八旗兵驻防福州、广州、荆州，派绿营兵镇守广西和云南。光绪五年（1879），广州将军长善在《驻粤八旗志·序》中写道："炎疆重地，去京师七千余里，久治长安之策，长驾远驿之方，非重臣不足以肃军威，非劲旅不足以固重镇，使与京师相为表里，且与江宁、陕西、四川、荆州、浙江、福建各驻防分布以资拱卫。"康熙二十年（1681），清政府从北京调汉八旗部队3000人驻防广州，这支部队由辽东籍的汉人组成，强化了清政府对南方边陲的控制。到乾隆二十一年（1756），又裁撤原驻防八旗汉军的一半，从北京和天津调来1500名满洲八旗兵填补空额，对南方边陲的控制更加得力，同时进一步完善了全国的八旗驻防体系。取消藩镇制，改派八旗驻防南中国边陲重地，这是清王朝加强中央集权统治的重要手段，意义非同小可。

二、满洲八旗官兵驻防广州的经济原因

除了政治原因，八旗驻防对保障广州"一口通商"意义重大。顺治六年（1649）清军攻陷广州后，为了镇压东南沿海地区以郑成功为首的汉族民众的反抗，清政府曾下令实行严格的海禁。镇压了郑成功以后，康熙才于1685年下令，开放广州、漳州、宁波和云台山四个通商口岸，并分别设立海关统一管理对外贸易和征收关税事务。乾隆二十二年（1757），即满洲八旗驻防广州的第二年，清政府封禁江、浙、闽三处口岸，限定广州为中国海上唯一的通商口岸，规定外国商人必须通过广州"洋行"进行贸易，陆续颁布法令、章程，对其活动进行限制。广州成为中国与西方列国仅有的通商口岸，外贸空前繁荣。"一口通商"一直延续至1842年《中英南京条约》签订。[①]

清政府之所以封禁其他海上贸易口岸，有国内和国际双方面的原因。清王朝经过康乾盛世，入关已逾一百年，政局稳定，国泰民安，是一个名副其实的幅员辽阔、物产丰富的泱泱大国。国内本土的资源可以满足他们短期的需要，与外国通商不是必需之举；同时，为了避免资本主义的入侵，隔绝国人与外界的接触而实行的闭关政策是国家权力维护其封建统治的重要手段之一。这一时期来中国进行海上贸易的西方人并不全是秉承和平与平等的原则进行自由贸易的商人，而是西方资本主义原始积累时期为了掠夺财富四处寻觅廉价原材料和商品倾销市场的冒险家，其中葡萄牙、荷兰、西班牙已经以武力征服了菲律宾和爪哇，并在印度和马来西亚占取殖民地，英法等国的气焰也很嚣张，迫使清王朝采取了一系列严密的防范措施。一口通商的政策势

[①] 丘传英主编：《广州近代经济史》，广东人民出版社1998年版，第32—38页。

必引起国外商团的强烈抗议，甚至有可能引发军事行动。派驻满洲八旗官兵驻防广州与紧随其后的一港通商政令的下达便有了内在的联系。可见，八旗兵驻防广州的原因与平定三藩之乱的政治举措和广州"一口通商"的经济策略紧密相关，这是清朝统治者构筑全国性防御自卫体系，维护中央集权统治之措施的一部分。

第二节　广州世居满族的形成

清政府派八旗兵驻防广州的过程分为两个阶段。第一阶段，派驻汉八旗。康熙二十年（1681），"设广东广州镶黄、正黄、正白上三旗汉军领催、马甲、炮甲、弓匠"（《清史稿·兵志一》）。"广东广州府，设兵三千名，匠役四十名"，"广州驻防初设镶黄、正黄、正白三旗汉军兵，二十二年续设正红镶白镶红正蓝镶蓝五旗汉军兵"（《八旗通志·兵制志三·八旗甲兵》）。"自康熙二十年削平三藩，于边腹要地特建亲军大营，广州始置将军、左右副都统。前后调京旗八旗汉军官兵三千携眷驻防，此粤东有旗兵之始。"（《广州驻防事宜·序》）"康熙二十年廷议于广州设立驻防八旗汉军兵三千名。皆自京师拣选，挈眷来广州。"（《驻粤八旗志·官兵额设》）

第二阶段，历经雍正、乾隆两朝后，清政府又增派满洲八旗兵到广州驻防。据《广州驻防事宜·序》，"乾隆二十一年奉旨裁剪汉军官兵之半续派满洲官兵一千五百，遂满汉合驻焉"。《驻粤八旗志》（卷一《官兵额设》）记载："乾隆二十一年，裁汰汉军之半，派拨满洲兵来粤合驻，将汉军出旗兵额即以满兵顶补……满洲八旗实在领催一百二十名，前锋一百五十名，马甲一千二百三十名，弓匠八名，铁匠四名，铜匠一名，共额兵一千五百一十三名。"民间记述这些满族官兵是分批从北京及天津抽调到广州的，"乾隆二十一年（1756）第一起满兵到广，二十三年（1758）、二十四年（1759）第二起第三起满兵到广，前后共五百名，不敷操防，三十年（1765）第四起另户满兵二百五十名到广，三十一年（1766）第五起另户满兵二百十名到广。京旗难再抽调，三十二年（1767）乃调天津满兵五百名，陆续到广。以足一千五百名额"。① 京津两地的八旗兵是顺治1644年入主中原时，从东北跟随他落户京津的。当时，清朝由沈阳迁都北京，满蒙汉八旗军队除了留守驻防龙兴要地的部队外全部"随龙入京"，他们的眷属也远离故土，分批南下。这样，驻粤八旗兵的祖先可以上溯至明后期东北的建州女真人，如果按照其生活区域的变更可以将他们的移民划分成三个阶段：（一）东北生活阶段——从建州女真南迁开始（1423年），经努尔哈赤进驻辽沈地区（1625年），到皇太极建立大清国，改族名为满洲（1635年），至满人入关之前；（二）京津生活阶段——从清军入京，建立清王朝（1644年）到满汉八旗兵被派驻粤（1756年）之前；（三）广州生活阶段——1756年至今，满洲八旗兵丁落户广州两百余年，成为世居满族。

建州女真从15世纪开始崛起，到1635年在八旗组织的基础上，融合女真、汉、蒙古、朝鲜等民族形成满族。在1644年清军入关之前，满族的生产方式是农业与牧猎并存，八旗民众身上集结了大量有东北地域特色和民族特点的民俗事象，他们是东北民俗文化的载体。

清朝统治者入主北京后，八旗军民定居北京内城，并按八旗划分各旗居住位置：镶黄旗居安定门内，正黄旗居德胜门内，正白旗居东直门内，镶白旗居朝阳门内，正红旗居西直门内，镶红旗居阜成门内，正蓝旗居崇文门内，镶蓝旗居宣武门内。② 满人的社会组织性比

---

① 汪宗猷《广州满族简史》，广东人民出版社1990年版，第7页。
② 罗保平：《明清北京城》，北京出版社2001年版，第116页。

较强，各旗除有固定居址外，旗务乃至族人的户籍、职业、婚丧嫁娶等大小事物都有专门机构负责。北京城实际上成了一个移民市区，东北满人的原生习俗一度盛行。自乾隆朝之后，内外城的界限逐渐被打破，满汉民族风俗开始接触融合，旗营中纯粹的满洲风俗渐渐演变成令人习焉不察的满汉融合型风俗。[①]驻粤八旗官兵乾隆二十一年离开京津，作为文化载体，他们所承载的正是这种满汉混合型文化。

  清政府派驻广州的满洲八旗官兵的后裔即为广州世居满族。本书在整体意义上仍用民族来界定满族，但是针对广州世居满族，选用族群概念而不是民族概念，主要有两方面的考虑：一方面，广州世居满族是一个社会群体，使用族群具有比采用民族较为下位的集团的意义，在行文中常强调其边界，更凸显其作为"群"的意义；另一方面，世居广州的满族只是满族的一小部分，用族群表达可能更确切。

[①] 赵杰：《京味文化中的满族风俗》，《北京社会科学》1997 年第 1 期，第 92 页。

第二章
封闭民俗文化体系的建构（1756—1911）

第一节 八旗兵营中的民俗生活模式

驻粤八旗兵与驻防全国各地的八旗部队一样，是清政府控制重要城镇、监视绿营军、掌控全国经济命脉和稳定政局的军事工具。清政府通过八旗制度对其在经济、政治、军事、意识形态等方方面面进行严格管理。

一、居住区域

旗人驻防全国各地，清政府为了保持胡服骑射的传统，巩固以武力威慑天下的力量，竭力避免满洲官兵沾染汉人习俗，在各驻防要地修建城池，限制满人于其中，形成政治、经济与外界隔离的"满城"。清代八旗的各个驻防点皆以自立为策，这也是他们"绥靖地方"的权宜之计。

乾隆二十一年（1756）派驻来粤的满洲八旗兵，和全国各地驻防点一样，居住在指定区域，清政府规定在广州城里西边靠南的地区为满洲八旗兵驻地。

镶黄旗由归德门内梓德里起，至前锋营箭道城根止。

正白族由象牙巷口起，经梳篦巷、麻行街，至诗书街南栅止。

正黄旗由东绒线巷起，至白糜巷、毕公巷止。

正红旗由大市街以南起，经绒线巷、走木巷、竹篙巷、扁挑巷、温良巷、南濠街、西濠街、七株榕、关路巷，至前锋营箭道止。

镶白旗由大市街以北起，经玉华坊、米市街、南仙邻巷、南甜水巷，南至满洲副都统署东辕门止。

正蓝旗由满洲副都统署西辕门起，经进士里、南仙羊街、牛头巷、四栅门、诗书街、安义街、大利巷，至小水关止。

镶红族由云台里起，经南海学宫街、米市街、北光塔街，至仙羊街东北、甜水巷、北仙邻巷、北进士里北，至中栅止。

镶蓝旗由光塔街南、仙羊街北口起，经纸行街、木牌坊、莲花巷、白沙巷、红沙巷，至西城根一带止。①

清代驻防点的满城可分为两种：一种是在驻地府州县治附近新建的，如宁夏、青州等地的满城，都修筑了高大的城墙；另一种是在府州县治内搭建的新城，如杭州、荆州等地满城，城中城有城墙，广州的满城无城墙，只有堆卡和栅栏将满城围起来。《广州驻防事宜》对驻粤八旗部队的官署兵房间数及粮仓、教场、炮营建立年份均有记载。《驻粤八旗志·建置志》中记载满城中的设施有城门、炮台、堆卡、栅栏、兵房、箭道、马圈、应火援公所、印务处、衙署、公廨门、左司衙门、右司衙门、粮仓、银库、军器库、火药局、官学、义学、书院、同文馆、监狱、茔地等。在民间记载中还有宗祠八间，供奉观音菩萨的观音楼一座。② 其余的房舍、酒楼、街市等民众生活设施应有尽有，在广州当地居民的包围中形成一个界限分明、自给自足的生活世界。

---

① 《驻粤八旗志》卷一《官兵额设》，第 76 页。
② 广州市越秀区满族志编写组：《越秀区满族志》，越秀区地方志办公室内部资料，第 119—120 页。

二、驻防职责

《清史稿》描述全国各地驻防将军的职责为"镇守险要，绥和军民，均齐政刑，修举武备"(《清史稿·职官志四》)。《八旗通志·营建志六》云："广州内城八门，旗兵防守；外城七门，标营防守。"其次，驻防将军要对旗营进行严格管理。除遇战事率兵出征作战以外，驻防将军日常的职责包括组织、校阅操演、督促官兵勤习马步弓箭、点校稽查军器、选拔兵丁、裁汰老弱等。[①]《驻粤八旗志》卷首的敕谕中屡次提及驻粤官兵的操演训练，还涉及官员的升迁、罢黜，兵丁的选拔、管理、养老等问题，甚至眷属的出生、养育、婚姻、丧葬等事宜，都有安排。总之，驻粤八旗部队的主要任务是尽护卫之责，同时确保在远离政治中心的南粤边陲稳固地驻扎清政府的嫡系部队，以保护清王朝南大门的安全。除了震慑全国要害地方，八旗驻防的另一个目的是监视、控制绿营兵。[②]《清史稿·兵志二》记载，广州驻防的最高长官将军除统辖八旗驻防官兵外，还节制南韶连镇标、潮州镇标、高州镇标、琼州镇标、惠州协标、肇庆协标、广州城守协、三江口协、黄冈协、罗定协等。可见军事威慑和政治监控也是驻粤八旗部队的重要功能。

《(乾隆)广州府志》中提到镇守广东全省兼管绿旗都统将军一员，驻节广州，此即广州满汉八旗的最高长官——广州将军。[③]《广东驻防旗营事宜》和《驻粤八旗志》对满汉八旗官兵额设的记录一致：职官设置为广州将军，满洲一员；满洲副都统一员，汉军副都统一员；协领兼佐领(两旗一员)，满洲四员，汉军四员；佐领，满洲

---

① 定宜庄：《清代八旗驻防研究》，辽宁民族出版社2003年版，第126页。
② 同上书，第125页。绿营兵是投降清政府的明代官兵整合而成。
③ 乾隆《广州府志·兵制一》，第301页。

八员，汉军八员；防御（每旗上甲喇一员、下甲喇一员），满洲十六人，汉军十六员；骁骑校（每旗上甲喇一员、下甲喇一员），满洲十六员，汉军十六员；将军衙门笔帖式，满洲一员，汉军一员。兵额分配为满洲八旗领催一百二十名；前锋一百五十名；马甲七百三十名；工匠八名（每旗一名）；铜匠一名；铁匠四名；副甲两百名；无米炮手一百二十名；养育兵四百名；余兵二十名；增设洋操余兵四十名，合满洲八旗兵丁共一千七百九十三名。①

至咸丰十年（1860），清廷已内忧外患，政府深知不整饬军队不能救亡图存，于是改变了原有的编制形式，采用英国的操法改练洋操：选择精壮的旗兵，每旗50人，八旗共400人，编为洋操队。洋操的编制，分为余兵、副兵、正兵、头目、副头目、分巡及统领等级别。余兵的饷银每月五钱，副兵一两五钱，正兵二两一钱，副头目四两，头目和分巡均为六两，统领一职，则在协领中遴选一人兼任。后因公差日多，原有洋操队的人数，不敷派遣，再改办团练。团练的人数，每旗15人，八旗共120人。这种团练只作为洋操的助手，专司巡缉的任务，不用经常操演，每名月饷一两。到光绪末叶，取消洋操，改为"新军"。满洲八旗与汉军八旗，共编成三个营，步兵两营，炮兵一营，人数1000余人，薪饷与以往的洋操兵相同。其余年龄较老的旗兵，则编为"巡防营"，协同新军共负防守城池之责。不论洋操、团练、新军及巡防营，均归将军和左右两都统节制。②

满洲八旗官兵到广州之后，对卫戍广州的防务，即和汉军八旗、绿营兵分段负责担当。清代广州城分内城和外城，"内城自归德门城

---

① 《广东驻防旗营事宜》，第7—8页；《驻粤八旗志》卷一《官兵额设》，第46—47页。
② 司徒瑞：《广州满族八旗兵制由清代至民国的变迁》，广州市政协学习和文史资料委员会主编：《广州文史资料存稿选编》（七），中国文史出版社2008年版，第59页。

楼西边起，至大北门城楼西边止，系八旗防守经营；自归德门城楼东边起，至大北门城楼东边止，系广协防守经营。外城及鸡翼城，俱系广协防守经营"。①同时，满洲八旗兵还肩负着守卫满城的职责。广州满城由堆卡包围起来，"由归德门直街北至大北门直街为旗、民交界要地，满、汉八旗每两旗合设一官堆，各堆每班轮派两旗领催、兵五名防守"。每旗的驻地边界设置四道或五道栅栏相隔，"计满洲栅栏共三十八道，每道每班派兵二名防守"（《驻粤八旗志·建置志》）。后来设有城防堆卡40处，满洲八旗负责城南八个堆，汉军八旗负责城西八个堆；其余24个堆，在城的东部和北部，则由绿营兵丁负责。各城堆除经常派兵驻守外，并由满、汉各旗派领催5名，每夜轮班巡查。至于"旗下街"和"满洲街"，则由满汉八旗的每两班，设立一个岗哨位，叫做"官堆"，满汉各负责四个堆，每堆轮派两旗官兵共5名防守。此外各街道设立栅栏共计91道，其中满洲街38道，旗下街53道，每道每班派兵2名防守，既是军队，也兼警察的职责。②

从康熙末至道光初，广州没有发生过战事，分堆防守广州城垣和街道的满汉旗兵都处于安逸状态，对于全城防务，逐渐由玩忽、松弛以至于废弃。到了清末，除了八个城门楼仍有兵丁把守之外，往日的堆卡均已荡然无存。辛亥革命前夕，民主革命的风声渐紧，政府不得不加强镇压，于是以坏人从城墙缺口混入城内盗窃为由，组成亲信军担负稽查职责。在满汉八旗之内，每旗挑选少壮兵8名，十六旗共128名。这些亲信军兼职不兼薪，只在夜间出发巡逻前后，供给两餐加膳，实为加班工作。行政管理方面也很简单，设亲信军总办1员，

---

① 《广东驻防旗营事宜》，第7—8页。
② 杨绍权：《〈清代广州驻防汉军旗的历史〉一文的补充》，广州市政协学习和文史资料委员会主编：《广州文史资料存稿选编》（七），中国文史出版社2008年版，第5页。

帮办2员，司书1员，另在每16名内，设管理员1员，司理这个小队的总务。亲信军夜间巡逻，分甲乙班出巡，遇陌生者即予盘查。广州市后来也和京津沪汉相同，于光绪中叶成立了巡警总局，实行新的警察制度，亲信军即脱离军队的范围，拨归巡警总局管理，后来又改归警务公所管理。①

三、经济来源

（一）清代军队粮饷制度

清王朝定都北京后，为加强中央集权的军事力量，确定了八旗常备兵制，通过固定兵额改变了八旗军队战时为兵、平时为民、全民皆兵的特殊性质，便于军队专心训练，进一步增强八旗军队的战斗力。入关前大约是三丁一兵，康熙年间是五丁一兵，乾隆年间是八丁一兵，以后兵的比例更小。②八旗常备兵制确立后，八旗兵丁成为吃粮当差的现役军人，清政府建立了八旗官兵的粮饷制度。顺治初规定，八旗前锋、护军、领催、骁骑校，每月给饷银二两，步军一两。康熙中又规定，八旗前锋、护军每月饷银四两，每年饷米四十八斛；马甲每月饷银三两，每年米四十八斛；步兵每月饷银一两五钱，每年米二十四斛，以后各朝变动不大。③饷银是八旗官兵的主要经济来源，他们不必从事其他生产。在控制八旗官兵经济命脉的基础上，朝廷还制定了诸多禁令对旗人进行严格的封闭式军事化管理，以拱卫京师、驻防边疆。

满族入关之初，八旗兵的粮饷定额在全国都是比较高的，八旗官兵因而可以安心服役，有效地保障了八旗组织的安定秩序和政治、军

---

① 杨绍权：《〈清代广州驻防汉军旗的历史〉一文的补充》，广州市政协学习和文史资料委员会主编：《广州文史资料存稿选编》（七），中国文史出版社2008年，第7页。
② 满族简史编写组：《满族简史》，中华书局1979年版，第100页。
③ 同上书，第62页。

事职能；但是，随着朝廷腐败、物价上涨、人口增多、旗兵花销增大等问题相继出现，八旗兵丁逐渐入不敷出，朝廷的粮饷无法维持他们的生活，更严重的是从1860年起政府规定减成发饷，一般兵丁只能领到原饷的六七成，有时甚至欠饷不发，八旗官兵的生活更是陷于绝境。粮饷制度成为八旗组织中最大的危机源头。

（二）驻粤八旗官兵的钱粮制度

驻粤满洲八旗官兵同样享受钱粮制度各项待遇（表2.1、表2.2）。①

表2.1 驻粤满洲八旗官员钱粮表

官衔	品级	人数	年支俸禄							年支米粮						备注
			千	百	十	两	钱	分	厘	百	十	石	斗	升	合	
将军	一品	1	2	1	1	3	2	0	0	1	7	6	9	7	6	（1）满、汉八旗共一人 （2）米粮按家口60人计算
副督统	二品	1	1	2	8	9	8	7	6	2	8	0	2	3	6	（1）满、汉八旗各一人 （2）米粮包括家口35人
协领	三品	4		2	4	8	9	4			8	8	4	8	8	（1）每两旗一员 （2）米粮按家口20人计算
佐领	四品	4		1	8	4	2	9	6		5	8	9	9	2	（1）佐领每旗一员，其中四员由协领兼任 （2）米粮按家口20人计算
防御	五品	16			1	2	9	5	6	0		4	1	2	9	4	（1）每旗二员 （2）米粮按家口15计算
骁骑校	六品	16				9	9	6	4	8		3	5	3	9	5	（1）每旗二员 （2）米粮按家口12人计算
笔贴式	七品	1				5	0	8	5	0		1	1	8	5	6	八旗共一员

---

① 汪宗猷:《广州满族简史》，广东人民出版社1990年版，第35页。

表 2.2　驻粤满洲八旗士兵钱粮表

兵别	每旗人数	年支饷银							年支米粮						备注
		千	百	十	两	钱	分	厘	百	十	石	斗	升	合	
领催	15			5	1	0	2	4			2	9	4	9	6	米粮按家口10人计算
前锋	19			5	1	0	2	4			2	9	4	9	6	米粮按家口10人计算
马甲	91			4	3	1	5	3			2	3	5	9	6	米粮按家口5人计算
副甲	25			2	1	5	7	6		1	1	7	9	8	米粮按家口5人计算
弓匠	1			1	2	0	0	0			2	3	5	9	6	米粮按家口8人计算
铜匠	公缺			1	2	0	0	0			2	3	5	9	6	待遇与弓匠相同
铁匠	每两旗1名			1	2	0	0	0			2	3	5	9	6	待遇与弓匠相同
养育兵	50			1	2	0	0	0				5	8	9	9	
余兵	每两旗5名			1	2	0	0	0								八旗共20名

不同等级的官员和兵士享有不同等级的钱粮，马甲兵最低，逐次增长。八旗官员的待遇要好很多，驻粤八旗中一个旗的负责人佐领，在朝廷中领四品俸禄，其收入是马甲兵的四倍，而统帅八旗的将军的收入达到普通旗兵的五十倍。他们还享有相应的抚恤制度，如"阵亡之士卒之妻孀，居无所依赖会永远给食一半俸饷"[1]，"八旗所有无依孤女即照孤子一样给以钱粮米石俟出嫁后裁汰"[2]，也就是

---

[1] 乾隆三年圣谕，载《驻粤八旗志·敕谕》，第11页。
[2] 乾隆四十三年十二月圣谕，载《驻粤八旗志·敕谕》，第20页。

说,不仅当差的旗兵按月领饷,他们的家属也享有相应的饷银。钱粮制度的各等级划分非常细致,条款完善,在八旗兵营中形成了比较合理完善的经济保障体系。

满洲八旗兵大多数出身于从事采猎生活及农业生产的旗民,生活比较简朴。这些满洲八旗兵被派驻防广州后,在乾隆、嘉庆年间生活消费比较低,各家人口又很少,所以这一时期他们的经济生活是比较安定的,相应地旗营中的政治生活和管理秩序也很稳定。但是,随着时间的推移,钱粮制度越来越不能满足八旗官兵的生活需要,主要因素有以下三个:

第一,八旗兵营中人口增多。据《驻粤八旗志》记载,乾隆二十一年(1756)从北京和天津旗营中调入广州的满洲八旗官兵共有1500名,他们从京津千里迢迢奔赴广州,携家带口的人数有限。到广州以后,满洲旗营中的人口逐年增加,"光绪十年(1884),满洲八旗男妇老幼共六千二百七十名"。①按钱粮制度的规定,不仅八旗官兵,他们的家属也享有相应待遇,驻粤八旗官兵的生活所需不断增长。

第二,物价上涨。1757年广州成为中国唯一的对外通商口岸以后,粤海关的税收成为清政府收入的重要来源,各国商船频繁进出广州港,大量财富聚集于十三行。屈大均诗中有云"洋行争出是官商,十字门开向二洋;五丝八丝广缎好,银钱堆满十三行"。②贸易的繁荣必然带动地方经济发展,增加民众的收入,物价相应上涨。

第三,清政府对钱粮制度的调整。随着驻粤八旗官兵人口的增长和物价上涨,依靠政府钱粮生活的广州满洲民众需要的政府拨款

---

① 《驻粤八旗志·官员额设》,第66页。
② [清]屈大均:《广东新语·货语》,中华书局1985年版,第427页。

越来越多，但是清政府每年发给广州八旗官兵的钱粮总数从始至终（1756—1911年）没有增加过。① 在这种矛盾愈发尖锐的情况下，广东八旗官员采用了一个折中办法——分散八旗兵丁的最小单位，他们逐步减少马甲兵兵额，增加副甲兵兵额，因为副甲兵领用的钱粮数仅是马甲兵的一半，这样可以使旗营中不断增加的人丁都有所养，但是满洲兵丁的收入普遍下降。根据满族老人的回忆，清政府对钱粮的给予有时还借故减少：

> 来粤驻防的满洲八旗兵，原定额为1500名，但其兵种除领催、前锋没有变动外，马甲则前后裁改了500名，实存730名，按照原马甲1230名计算，每年应得饷项53078.19两，米粮29024.64石，自从裁改为730名后，每年实得饷项31501.69两，米粮17225.08石，虽然增加了副甲200名，年得饷项4315.20两，米粮2359.68石；炮兵120名，年得饷项2880两，米粮2831.616石；养育兵400名，年得饷项4800两，米粮235.968石；余兵20名，年得饷项240两，米粮无；另各种匠役13名，年得饷项156两，米粮306.7584石，合计年得饷项43892.89两，米粮22959.1024石，比原来应得的饷项53078.19两，实际上还减少了9185.30两，应得的米粮29024.064石，实际上还减少了6064.9616石，至于各种兵额却增加了253名。②

这些因素大大减少了八旗民众的收入，使他们原本拮据的生活更加贫困。

---

① 汪宗猷主编：《广东满族史》，中国戏剧出版社2006年版，第18页。
② 武耀材：《钱粮制度对满族的影响及其后果》，载《广州满族文史资料选辑》第一辑，广州市满族联谊会内部资料，1963年编印，第24—25页。

（三）钱粮制度对广州世居满族的影响

钱粮制度是清政府给予驻粤八旗兵的特殊经济政策，对广州世居满族产生了巨大影响。首先，钱粮制度是清政府给予驻粤八旗官兵的最基本保障措施，这是政治、军事、文化管治的基础。八旗官兵被禁锢在"满城"之中，集中进行军事训练，不能离开营地，不能与外界正常交流，只做好随时效忠朝廷的准备。正是由于控制了八旗官兵的经济命脉，清政府的各项政策才得以实施，因此，随着清朝的衰落，钱粮制度的危机也是其他政令失效、旗营解散的最根本原因之一。

其次，钱粮制度造成八旗兵丁丧失生活技能，改变了族人的思想和生活风气。从北京调来驻防广州的满洲八旗兵，他们的祖先在东北"战时为兵、平时为民"的牛录组织时代，或精于渔猎，或长于农耕，也有部分人从事手工业；"随龙进京"的几十年，八旗兵额逐渐固定，服役的兵丁脱离了生产；至驻防南疆，生态环境剧烈改变，渔猎对象不复存在，政府也没有给官兵分配土地，连工匠都随军配置。在钱粮制度的保障下，出身贫苦的八旗官兵便无心也无条件学习生产技能，只能充当清政府的统治工具和寄生虫。东北女真族是一个勤劳、简朴的民族，生产方式的剧烈变更改变了八旗兵丁的思想和生活风气。据满洲八旗兵后人回忆：

> 满洲旗兵世世代代驻防在一个固定的地点，依靠钱粮度日，长期脱离生产。同时，太平日久，防务废弛，放哨和操练的时间也是虚应，养成饱食终日、无所事事的习惯，关外习气，消磨殆尽。尤其是一些官家子弟，游手好闲，娇惰成性，日事征逐于宴乐之场，打鹌鹑斗蟋蟀，打画眉，甚至暗中在家里开设赌局，吸食鸦片，出现种种不良现象。①

---

① 武耀材：《钱粮制度对满族的影响及其后果》，《广州满族文史资料选辑》第一辑，广州市满族联谊会内部资料，1963年编印，第19页。

再次，钱粮制度加剧了八旗官兵的经济差距和政治对立，瓦解了八旗官兵的凝聚力。在钱粮制度的保障下，八旗官兵过着不劳而获的生活，但是官与兵之间的收入差距十分巨大。从清代驻粤满洲八旗官兵钱粮表可以看出，中级官员"佐领"其收入是旗兵的四倍多，高级官员"将军"与"副督统"的收入是旗兵的五十倍。尤其在晚清钱粮匮乏时代，清政府裁减收入最低的马甲兵数量，增设收入仅为其一半的副甲兵，以至八旗民众的生活状况更加恶劣。但清政府却从未减少八旗官员的收入，满洲八旗官员只有四十余名，不到满洲八旗官兵总数的3%。钱粮制度的改革，使八旗兵营中，少数官员与广大兵丁的经济差距越来越大，在政治上的对立愈发突出。到了清末，官与兵之间的矛盾越来越广泛和尖锐。根据民间记载，辛亥年三月初十日，八旗将军孚琦被革命党人刺杀，"当时，旗兵闻枪声一响，即四散溃逃，无一人挺身拦阻"；继之新任将军凤山被炸毙命，"事后，旗兵漠然视之，认为无足轻重，反而互相庆幸，凤山在荆州驻防原是一个杀人不眨眼的刽子手，性情暴躁，旗民畏之如虎，一旦莅粤，势必强迫旗兵与革命党人作战，旗兵的命运，在当时来讲，是非常可虑的。因此，他之被炸，旗兵不但不做报仇雪恨之想，反而认为是死得其所"。[①] 可见在晚清末年八旗官与兵之间已经是貌合神离了。

四、管理措施

清朝统治者在远离京城三千多公里的边陲驻扎心腹部队，广州满洲八旗兵是稳固边疆、遏制国内动荡局势的重要力量。驻防八旗各设官署，满城的最高统治者是将军，直接听命于皇帝。广州军营中的

[①] 武耀材：《钱粮制度对满族的影响及其后果》，《广州满族文史资料选辑》第一辑，广州市满族联谊会内部资料，1963年编印，第20页。

将军由满人担任,下设副都统满、汉各一人,以下按旗佐设有协领、佐领、防御、骁骑校诸职,逐级掌管平时官兵训练、教阅和旗营的诸项事务;[①]直属于将军或督统衙门的有左右两司,分别办理官员升补、调任、旗兵编制、训练和官兵粮食、户口、马乾、武器及抚恤等事务。[②]

满族是一个以武功定天下的少数民族,骁勇尚武,清朝统治者利用这种习俗文化不断强化其民族意识和凝聚力,以维护八旗官兵对清政府的忠诚。他们对八旗官兵的骑射训练尤为重视。《驻粤八旗志》中收录的从康熙元年至同治九年(1662—1870)的圣谕共有85则,其中强调骑射操演之重要意义的有24则。清朝统治者将其作为选拔人才的首要条件,《驻粤八旗志·卷首·敕谕》中多有记载:

上谕大学士等曰:兵部考武官,射箭合例者方记册录用。(康熙二十七年十一月圣谕)

满洲等读书、学习、翻译因系当务之事,而马步箭究系满洲根本,断不可不至精纯。凡遇考试必特派王大臣先看马步箭,择其稍可者方准其应试。(乾隆四十四年二月圣谕)

各省驻防旗员有年逾六十以上、不能骑射者,俱不准保列。(道光二年五月圣谕)

圣谕甚至还专门为驻粤八旗规定了严格的操练章程,如:

春秋两季操练日期以每年十一月内率领满汉官兵赴燕塘

---

① 《钦定八旗通志·职官志七》,第897页。
② 马协弟:《八旗制度下的满族》,《满族研究》1987年第2期,第30页。

地方操演，均著照所议认真训练，不可日久生懈，有名无实。惟每年五月十六日至七月十五日，该省天气暑热，定例停操，相沿已久。（道光二年五月圣谕）

驻防兵丁以骑射为根本，并演习火器，历来办理自有旧章。惟在实力训练，随时操防无懈，悉成劲旅。务令器械精良适用，勤加教演，施放有准，不得日久生懈。（咸丰元年五月圣谕）

即使是管辖兵丁的官员亦"理宜操练武艺，习劳苦、耐寒暑，以及疾趋、超距、扑跌等技"，规定"八旗武职大臣官员及各省驻防之武职大臣官员年未至五十五岁者，勒限半年令各奋力学习一切技勇"，若有不遵，"严加惩治，革职照违旨例，治罪断不宽宥"（雍正八年七月初五日圣谕）。

为了保证八旗官兵的骑射操演，清政府还制定了相应的诸多保障措施，道光皇帝甚至专门降旨强调驻防官员监督日常训练：

至各省驻防以及绿营兵，原属强弱不一，强者固不可日渐废弛，罢软者更不可不勤加操练。著饬知各省将军、督抚、提镇等，嗣后必应力返积习，加意训练，破除情面，举黜公平。于常练之外，每日应如何操练之处，著各该将军、督抚、提镇等悉心定拟，务要实力而行，不可徒作空言，亦不可过于苛细，务期一日有一日之功，一兵有一兵之用。若不实心操练，仍视为泛常，经朕觉察或随时看出，决不宽恕，用副朕安不忘危、保卫民生之至意。（道光元年十月圣谕）

驻防兵丁历久疏懈，阅今百有余年。承平日久，恐该兵丁等于骑射操演渐涉因循废弛，殊失分防驻守、讲求武备之意。夫兵可百年不用,不可一日无备。所有此项驻防兵丁,该将军副都统等务当督饬所属,随时认真训练,如有技艺生疏者务应革退另补并拣选年力精壮娴习骑射、力骁勇者方准披甲。(道光十一年七月圣谕)

这一系列的圣谕表明清政府对八旗兵士的军事训练十分重视,而民间对满洲八旗操练也不乏记载,如:

> 每年除农历十二月十九日至翌年正月十八日为封印日期外,自四月十六起至八月初一日停止操演,其余月份每逢一、六日为八旗官兵及水师旗营官兵演射步箭(即箭操)日期。定于每年农历的二至四月,八至十二月的初十日及四月十四日,八月二十日为操演"过堂枪"日期,每次每名八旗兵演放三出;逢二、三及九至十二月份的二十日为操演"进步连环枪"日期,枪手兵每名每次演放十六出;逢十一月的初二、初四、初六、初八、十二、二十四等日在燕塘(今沙河地区)进行"打钱粮"六次,系演放大炮、子母炮,每名炮手每次演放五出。另八旗海螺每年春操,于二月初一日演吹起至二月十五日止;秋季于八月初一日演吹起至八月十五日止,分设三门吹演。①

可见在广州满城形成之初,八旗官兵较好地保存了习武骑射的传统。

为了保障八旗驻防的日常操演和相应军事机能,清政府还采取了诸多行政手段对八旗官兵进行管理,如不准学习技术,不准从事工农

---

① 汪宗猷:《广州满族简史》,广东人民出版社1990年版,第38页。

业、手工业生产;不准经营工商业;不准擅自离城十里;不准对外通婚等,形成固步自封、与世隔绝的民俗生活模式。

(一)不准学习技术,不准从事工农业、手工业生产

驻防广州的八旗官兵大多是从东北"随龙进京"又被抽调到广州的。入关前,满族人的主要社会组织是"战时为兵、平时为民"的牛录组织,他们平时从事农业生产,积累了一定农事经验。入关后,为了加强中央集权的军事力量,朝廷确定了八旗常备兵制,在八旗各佐领人丁中"挑补"旗兵,固定兵额。[①]八旗兵平时操演,战时参战,脱离了生产。派驻广州后,朝廷并没有给他们分配"旗地",他们无法从事农业生产;兵营中配备"弓匠八名(每旗一名),铜匠一名,铁匠四名(每两旗一名)"[②],保证了手工业产品的来源;八旗兵丁每年有严格的操练时间,还要执行看守城门、堆卡、棚栏等任务,根本无暇学习各种实用技术。至于未入伍的八旗壮丁,虽无操练任务,但他们随时要准备补充八旗兵营,从小就要随父兄习武,以便应考补缺。八旗妇女习惯不出闺门,负责子弟的生活,更谈不上学习技术。因此不准学习技术的限制就成为驻粤八旗子弟严格的规定。钱粮制的后期,由于八旗粮饷的减成折扣,兵丁的生计危机极端严重,满洲贵族的驻防旗营制度无法再维持下去。1864年,清政府不得不放宽政策:"旗民生计维艰,听往各省谋生。"(光绪二十五年《钦定大清会典事例》卷一百五十五《户口·壮丁别寓》)

据广州满族老人回忆:"光绪末年,镇粤将军增祺蒿目时艰,知旗民生计日蹙,在广州光孝寺内开办工艺厂一所,聘请技师教授旗民学习手工艺,委派八旗中的知识分子主持其事,但因办理的成绩不良,产品怠滞,亏折颇巨,而增祺又调任他去,人存政举,人去政

---

① 满族简史编写组:《满族简史》,中华书局1979年版,第100页。
② 《驻粤八旗志·官兵额设》,第45页。

息，该厂旋亦停办。"①

尽管朝廷政策放宽，旗营上下也做了一些努力，但是终因脱离生产时间过久、时局动荡等原因，满洲民众没有掌握一技之长。

（二）不准经营工商业

广州是一座具有悠久的商业历史的城市，城内百姓经商之风颇为浓厚。几乎在京津八旗子弟携家带口，千里跋涉奔赴南疆的同时，清政府于乾隆二十二年（1757）十一月宣布封闭闽、浙、江三海关，仅保留粤海关对外通商，这一政令一直持续到道光二十二年（1842）。在这将近一百年时间里，广州对内对外贸易获得极大发展，大批国内外商船在这里贸易往来。根据当时清政府的规定，外地商人必须通过具有半官半商性质的十三行进行贸易，这为广州民间商人提供了广阔的空间，也使他们聚敛了大量财富。就是在这样优越的商业条件下，八旗兵丁却无法获得从事商业活动的执照，原因是驻防广州的八旗官员认为八旗子弟是吃皇粮的嫡系部队，不应该与民争利，并就此制定了不准经营工商业的规定。②这断绝了八旗官兵的其他经济来源，使他们只能靠政府的粮饷生活，由此强化清政府对驻防部队的绝对控制。不过在清朝后期，此项政令的执行越来越不得力。

> 满汉八旗兵丁，初期的生活还过得去，自鸦片战争以后，货币不断贬值，物价日渐高昂，而钱粮配给的数字始终未变，所以生活亦极艰苦。限于制度规定，旗下满人又不能兼营商业，所以家庭妇女只能做些"女红"来弥补家用。旗下妇女精于刺绣（她们称之为"做绷"），成为其专

---

① 司徒瑞：《驻防广州八旗兵丁生活的记述》，《广州满族文史资料选辑》第二辑，广州满族联谊会内部资料，1988年辑录，第22页。
② 汪宗猷：《两百年来广州满族经济生活变迁的过程》，《广州满族文史资料选辑》第一辑，广州满族联谊会内部资料，1963年辑录，第14页。

长。在清代末年，有些旗兵的生活实在过不下去，他们把领到的官盐、禄米出卖，以维持生活。因为他们穿的官衣肥大，容易隐藏货物，就在城门卡堆守卫的时候，公然做起小买卖来。①

（三）不准擅自离城十里

驻粤八旗子弟集中居住在广州城内的"旗民驻地"，各旗也指定驻防地段，不得混杂居住。为了防止八旗子弟"出旗为民"，他们将离城的范围限制在十里以内，旗人超出此范围即以"逃旗者"论，按《驻粤八旗逃人例》处罚。《驻粤八旗逃人例》规定：

> 第一条　初次逃走被获者鞭一百，一年内投回者免罪，一年外投回者鞭六十。
> 第二条　二次逃走被获者枷号一月鞭一百，六个月投回者免罪，六个月外投回者鞭八十。
> 第三条　三次逃走被获者发黑龙江当差，三个月内投回者免罪，三个月外投回者鞭一百。
> 第四条　三次后复行逃者虽自行投回不论年月即照初次逃走被获，例鞭一百，交旗约束。（《驻粤八旗志·经政略》）

从《逃人例》规定之严谨可以推断当时经常有人逃旗，甚至一而再，再而三；而从刑罚上来看，对逃旗者的处罚并不严厉，如果在规定期限内回城还可以免予处罚。究其原因，大概一是驻防八旗兵都有

---

① 杨绍权：《〈清代广州驻防汉军旗的历史〉一文的补充》，载广州市政协学习和文史资料委员会主编：《广州文史资料存稿选编》（七），中国文史出版社2008年版，第5页。

家眷在城内，一人逃走后终耐不住思家之苦最终返回；二是满人没有生活技能，在岭南没有亲属，逃出满城生存下来的可能性比较小，在外生活一段时间后还是得回城。可以断定，逃离旗营者时时都有，但是大部分无为而返，这也从侧面反映出清政府对驻粤八旗子弟行政管理之严密。

（四）不准与外界通婚

满族入关后即规定旗人不许与外界通婚，在全国各驻防点均有严格禁令。① 作为驻扎在异质人群中的少数族群，从工作任务、生活方式到风俗习惯都与当地民众不同，人数又很少，与其他民族通婚极容易被同化，进而影响驻防任务。因此，从满洲八旗官兵于乾隆二十一年来粤到同治年间的一百多年中，只能在本族内互通婚姻，从没有与其他民族通婚，久而久之成为一种习惯。族内婚姻使满洲民众的婚姻圈越来越小，血缘关系日益接近，甚至近亲结婚，据 GXX 老人介绍：

> 我们小时候开玩笑说表兄妹是未来的夫妇，（结婚）找自己家族的人，姑表不结婚，姨表就可以。也没看见有什么病啊，我们都要先查三代有没有毛病，不成文的规矩，（担心）隔代遗传。②

---

① 李凤琪：《青州满族婚俗》，《满族研究》1993 年第 2 期；王天杞：《婚俗的演化与历史的进程——福州满族婚俗今昔之管见》，《满族研究》1992 年第 2 期。
② GXX，女，满族，1920 年生，满族联谊会敬老扶贫组组长。她出身官宦人家，祖父是旗营里的官员，父亲曾是中国八位海关总监察长中唯一的中国人。她在广州长大，曾随父母在青岛生活，1948 年回到广州，1950 年开始做街道工作，也做过零工、代课老师、讲解员和工人。她一直很关注满族联谊会工作，1994 年 3 月开始到联谊会工作，开始有报酬，后来无偿服务。在笔者访问她的四个月以后，她在广州逝世，病故前的半个月还在满族联谊会组织"三八节"妇女活动，被满族族胞广为传颂。访谈时间：2002 年 11 月 19 日；访谈地点：广州市满族联谊会；访谈人：关溪莹。

尽管如此，从遗传学角度讲，这种固定区域内的世代联姻不可避免地要对后代造成影响，光绪年以后这种情况才渐渐有所改变。

（五）其他管理措施

由于实行军事化管理，广州八旗兵营中的专制措施往往由最高统治者颁布，直接下达到各级官兵当中。为了防止满人汉化和维护八旗兵营秩序，清政府还制定了一些措施，对旗人的生活、文化、风俗等所有方面进行约束：

1. 禁止酗酒滋事

"著八旗都统各将，该属官兵内酗酒不肖之徒给限一年或两年令其悔改。能改者留之，如不能改者，官员令人承袭，兵丁即行革退"。"如此凡嗜饮酗酒之徒自知所儆戒矣。若禁止之后仍然不改，一经查出并将该管官员严行治罪。"（康熙六十一年十二月十一日圣谕，《驻粤八旗志·敕谕》）。

2. 强调使用满文

在乾隆年间，广州八旗兵士的履历都用满文书写，以免因用汉字时间长了染成"汉人风气"，虽然政府一直倡议此举，但是民间使用汉字的风气越来越盛，"八旗人员仍有专习汉文，于清语清字全不讲求，沾染习气，徒务虚文，实堪痛恨"，咸丰帝在圣谕中命令："八旗人员骑射清文是其本务，即使于清文义理不能精通，亦岂有不晓清语，不识清字，遂得自命为旗人之理……嗣后无论何项出身人员均宜练习清文，通晓讲解，即由文乡会试之员及兵丁子弟亦应一体练习，不准怠惰偷安，以误根本。"（咸丰四年四月圣谕，《驻粤八旗志·敕谕》）

3. 禁看汉族小说

随着满洲上层社会对汉族政治管理体制的借鉴与倡导，民间社会对汉族文化越来越关注，但是八旗军营中将一些汉族文学作品列为禁书。乾隆十八年七月二十九日的圣谕指出：

> 满洲风气素本纯厚，皆秉忠义之性，向不知书籍。自我国寰宇一统，始习汉书，皇祖圣祖仁皇帝特别念不识字之人，使之博古有益身心，是以翻译经文四书通鉴等书，刊刻颁行。兹查不肖之徒并不翻译正书，反将《水浒》《西厢记》等古词翻出，相传看阅，导人于不善。……交八旗大臣及东三省将军、各驻防将军大臣等除奉官翻译刊刻旧有外，有私行翻译清字小说俱着严行查禁，现有者搜获焚烧并交步军统领，将租卖此等之书者，亦著严加禁止。
>
> （《驻粤八旗志·敕谕》）

移居广州的前155年里，朝廷为八旗民众营造了一个封闭的文化体系，这是清政府根据全国的统治需要和岭南独特的地理历史条件所制定的政治策略。他们强制八旗民众居住在指定区域，在空间上划定了满洲民众与当地社会的明确边界；用钱粮制度操纵他们的经济命脉；以国家命令的形式制定一系列行政规范，对满洲民众的思想与生活进行模塑。这种孤立不仅是空间意义上的孤立，也是一种文化上和精神上的孤立。由于没有与广州当地社会有效融入，满洲民众的生存能力、文化适应能力都很低下，辛亥革命后满城解体，旗民生活陷入不堪境地。可以说，钱粮制度在八旗官兵与广州社会之间划下一道看不见的"围墙"，当清末钱粮制度日渐废弛之时，它又成为促进广州满汉民众沟通交融的催化剂和共同反抗清政府统治的纽带。如果说辛亥革命打破了广州满洲民众封闭的生活区域，那么取消钱粮制度实质上打破了广州满汉民众心理上、精神上的隔膜。随着旗营统治的松懈，满洲民众与当地社会的接触越来越多，八旗官兵及其家属所传承的民族传统民俗发生变异，呈现出稳中有变的特点。

第二节　围城中民俗文化的凝固与嬗变

满洲八旗民众迁移到广州后，没有立即融入当地文化环境，而是在相当长一段时间里处于与世隔绝的状态。他们民俗生活的改变是被动的，也是缓慢的，其凝固态大于变异态。

一、存续的民俗

（一）尚武之风

存续的民俗中最具有代表性的是满族民众的尚武风气。满族是一个以武功定天下的民族，从清太祖努尔哈赤统一女真各部到清军入关，及至清初，无不是以武力平定疆土，稳定政局。尽管随着女真人南迁，他们的汉化程度越来越深，但是清朝统治者一直强调保持骁勇善战的传统。皇太极坚持国语、骑射的目的是弘扬开拓进取的民族品格，要求后世子孙遵守，毋变弃祖宗之制。康熙针对八旗骑射松弛、战斗力下降的现实，每年派骑兵1.2万人分三班赴木兰围场行围，以野兽为假想敌进行军事训练，规定各部院官员必须参加，八旗贵族子弟往往担任最危险、最艰苦的工作。乾隆六年恢复中断了19年的木兰秋猎，以后基本年年行围，不仅八旗王公、军兵、院部大臣参加，各省驻防八旗也分三班派代表参加，驻防各省八旗也要围猎习武、校阅。

抵达广州后，八旗官兵仍然将骑射操演作为头等大事。他们开辟了多处操演场所，康熙二十二年（1683）在大东门外设东校场，康熙二十九年在小北门外设北校场，又在距东门外十里之燕塘设立演校之地。此后，"每年十一月初一至三十日率领八旗官兵安设营盘驻扎操演大炮一月，至乾隆二十七年改为操演半月。"（《驻粤八旗志·建置志》）

《驻粤八旗志》记载了满汉八旗和水师的操演阵势图，有大操 18 幅、绥疆新阵 10 幅、操演战船阵式 10 幅、外海水操阵 6 幅、威捷选锋阵 13 幅，勾画出当时满洲官兵以操演为本务的现实。满族子弟十多岁就到弓房（教授武术的地方）练习武术，学习拉弓、射箭、跑马、举石砝、练双抛（石担）、耍大刀及操练长矛等武功。1950 年代，满族民众整理了当年八旗兵丁操演时演奏的军乐曲《走阵》，内容分为开门、列队、走阵、归拢、收操等五段，在民间很多人对其耳熟能详，成为旗营时期一种重要的象征和历史记忆。满洲传统武术"耍大刀"也被满族民众喜好，正红旗后人唐志宁曾靠回忆整理了一套《春秋大刀刀谱》，共 28 个动作，曾经在旗营中流传极广。[1]

旗营中的满族服饰的衣袍开衩，窄袖、马褂、马蹄袖以及剃发为辫的发式等都是为了骑射方便；其他如婚俗中聘礼重鞍马，迎娶新娘须射箭；育儿习俗中生育男儿于门梁上悬挂小弓、小箭；娱乐习俗中喜赛骑、较射等，都说明在广州满洲民众的生活中保存了尚武之风。

（二）婚俗

广州满人旗营中保存了比较完整的满洲婚俗。

明初，建州女真保存了古朴的婚俗，例如盛行指腹婚，有"转房"之俗——"父死则妻其母，兄死则妻其嫂，叔伯死则经亦如之"[2]，男女自由恋爱等，婚礼中少有烦琐的礼节。入关后，这些原始婚俗很快消失或者变异，清廷采取了一系列加速汉化的措施，在汉族封建文化的影响下，形成了以民族融合为特色的新的满族婚俗。北京世居满族老人对旗营中的满族婚俗做了如下描述：

---

[1] 广州市越秀区满族志编写组：《越秀区满族志》，越秀区地方志办公室内部资料，第 117 页。

[2] 王宏刚、富育光：《满族风俗志》，中央民族学院出版社 1991 年版，第 160 页。

北京八旗兵营中满人的婚姻几乎没有自由恋爱的色彩，与汉族一样需经过"父母之命，媒妁之言"，但是与汉族不同的是，所谓"媒妁"只是男女两家的亲戚故旧，爱亲做亲，决不是专任媒婆才能说亲。说得男女两家都有一二分同意，然后过"门户帖儿"。帖上载明家长姓名、官阶、所属旗分、新郎职业等简略履历。打听合适，便通知媒人相看，只凭两家尊亲至近亲友相看，绝没有对象相看，互通款曲的。相看合意后，互换"年庚小帖"，各自到合婚处合婚。即便是"下等五鬼婚"，只要不妨不克就可以做亲。合成婚后便是"文定"，即"放小定"。文定以后，男家预备婚娶，女家预备嫁衣，但由文定到婚期，须有相当时日。

临嫁前一月内要行"奠雁"礼，即所谓"通信放大定"。在通信以前，男家索要新娘衣服尺寸单和"小日子"，以便择嫁娶日子时好规避。奠雁礼成以后，静待吉期。有钱人家预备妆奁嫁妆要够"抬"（由十六抬至百二十抬不等，六十四抬为全份，三十二抬为半份），抬多在吉期前一天送往男家，抬少可以当日送去。吉期所用的大轿执事，除必须一红两绿三乘轿外，喜轿不用花轿而用红呢官轿，或满顶银球的"星星冠轿"。执事用"锣七对"或"锣九对"，带弯钩喇叭，又分全份执事或半份执事两种。满人执事用牛角灯，以示最早是夜里迎娶的。

嫁娶之日，新郎到女家"谢亲"。花轿出门以后，即由大媒陪同新郎入内向岳父岳母叩头，即古礼的亲迎之意。男家临发轿之前，先用小儿在喜房里打锣"压炕"，随着鼓手"响房"，响房后点"长命灯"，铺床，随命小儿拿"盖头"，命人送"离娘饭"，然后娶亲太太辞行，官客乘车，鼓乐喧天，直奔女家。新娘由齐全不忌人上盖头，穿上轿袄，由娘家父兄抱入轿内。花轿离门，娶亲太太告辞，随将桌上预设的"子孙筷"、"子孙碗"，单窃筷入袖内，象征着"窃去子孙"。娶亲太太走后，娶亲官客的席上由茶房"上汤"，表示娶亲的仪式告终。

新娘子上轿以后，送亲男女随轿同行，新人的"宝轿"打杵后，送亲太太先下轿进入洞房外间暂坐，宝轿经过炭盆"熏煞"后，扶在洞房门口，便等解轿帘，新娘下轿。满俗新娘上轿时，除了娶亲太太梳双抓髻、穿上轿袄、搭盖头以外，还要在胸前挂一面挂镜，镜心向外，镜背贴身。在新娘没有下轿之前，雕鞍弓箭都要供在桌上。开启轿帘，将雕鞍放在轿前，预备新娘迈过，表示步步平安。随着新郎向轿帘放箭三支，名为"射煞"，也有下轿后向新娘射的。轿帘开启后，即由洞房内妙龄少妇指蘸胭脂粉，抹在新娘两腮，一面红，一面白，名为"填脂粉"。随着新娘下轿，八旗满洲固山婚俗则递"宝瓶"，蒙古固山则递柴一束，各令新娘抱持。宝瓶也是家伙铺预备。内装金银米（黄米、白米）、金银如意，上盖红绸，系五色丝线。婚礼三天后才能倒宝瓶，仪式是新夫妇坐在炕上，由家人倒于兜中，以得金银如意者为有财气。新娘怀抱宝瓶，迈过雕鞍，足踏红毡，到天地桌前同参天地，大多数是男左女右。拜完天地，上炕抓盖头，吃子孙饽饽，喝交杯盏，是为"合"。坐帐后先"拆抓髻"，"开脸"，然后梳头。新娘修饰已毕，便"摆团饭"。团饭过后就等下地了。

旧日婚礼吃酒的不走，新娘便不能下地。所以以前两日酒，新娘两日一夜才能下地。下地以后先拜佛，再拜祖，然后拜见翁姑家人、宗族戚友。新夫妇见礼要双叩首,所以名为"受双礼"。晚饭后,新娘要在翁姑前伺候烟茶。五更即起,新娘母家来人接回门,多半是新娘的母亲。接回门的任务,第一要陪新娘的婆母到新房走一遭,以便呈验贞操证件,新妇开箱,以手帕、荷包零星小物分赠家人亲友,名曰"开箱礼"。新娘回到娘家,婚后第九日为单九,十八日为双九,女家有人来夫家看视,名"瞧九"。以后,周月住对月,三节接住娘家。①

广州世居满族的祖先从1644年入京到1756年驻粤,在京城生活了一百多年,在汉文化的影响下,广州旗营中满洲官兵的婚俗有从古老的东北女真婚俗中脱胎的痕迹,又在北京满人婚俗的基础上略有变异。

他们的婚姻由父母做主,有的在童年时期就订了婚。这种儿时做亲的习俗源自东北祖先。金代和明代女真人"多指腹为婚,即长,虽贵贱殊隔,亦不可渝"②,战争年代,儿女的婚姻成为父母两家人密切关系的手段之一。笔者在东北做田野调查时得知,目前80岁以上的满族老人中,指腹婚和"娃娃亲"占有很大比例。"那时候还讲究'朱门对朱门,木门对木门',我们小时候开玩笑说表兄妹是未来的夫妇,找自己家族的人"。③这种亲上做亲、熟人做媒,着重打探了解对方情况的风俗,沿袭了传统旗人婚俗。

在亲迎之前,先择日子、送日子,"用红柬写上时辰日子,由男家用礼盒送往女家,女家收下礼盒柬帖,压回芙蓉、扁柏、花生、石

---

① 金受申:《老北京的生活》,北京出版社1989年版,第86—94页。
② 宇文懋昭撰、崔文印校证:《大金国志校证·婚姻》,中华书局1986年版,第553页。
③ 访谈对象:GXX,女,满族,1920年生。访谈时间:2002年11月19日;访谈地点:广州市满族联谊会;访谈人:关溪莹。

榴等。富裕的官宦人家送日子的时候通常要送四坛酒、海味、干货、冬菇草菇、鲍鱼、一对公鸡、一对母鸡"。①

亲迎仪式要操办四天。第一天进行婚礼的准备工作（俗称"落桌"）。第二天女家要将嫁妆搬到男家。女家要派两个男童到男家钉门帘，并说些"门帘高挂，五世其昌，白头到老，儿孙满堂"等吉祥话。②

第三天是筵席，就是亲迎的日子，婚礼仪式中保留了大量民族传统习俗。男方备好花轿和仪仗队到女家迎娶，敲打乐器有大锣大钹，边行进边演奏，减去了京旗婚礼中的弯钩喇叭。娶亲的队伍迎娶新娘要在晚上进行，"花轿起行时均在夜间，以子、丑、寅三个时辰为准则（即夜间十一时至凌晨五时）"③，这与广州汉族人的婚俗截然不同。这一习俗源于东北特殊的地理气候环境和满族古老的氏族外婚制。完颜阿骨打建立大金国之前，女真人已通行氏族外婚制。在地广人稀的东北地区，不同部落之间往往路途遥远，为了能保证婚礼如期举行，接亲的队伍必须在夜里就出发。现在东北人的婚礼，虽然不用夜里去接亲，但是一大早新妇要离开娘家在另一个处所等待新郎来迎接她，相当于夜里动身赶到这里，民间称"打下处"，这是满族古老婚俗的痕迹。广州世居满人因为聚居在旗营中，虽然不必到远方迎娶新娘，但是满人夜里亲迎的习俗被保留了下来。

迎娶时，男家派两男童到女家偷"子孙筷"，取其子孙昌盛之意④，这与北京旗人由娶亲太太取走女家子孙筷象征窃去子孙意义相

---

① 关艳如、关漱玉、李慧德口述，郎秀萍记录：《广州满族的旧习记闻》，《广州满族文史资料选辑》第一辑，广州市满族联谊会内部资料，1963年编印，第52页。
② 广州市越秀区满族志编写组：《越秀区满族志》，越秀区地方志办公室内部资料，第133页。
③ 关艳如、关漱玉、李慧德口述，郎秀萍记录：《广州满族的旧习记闻》，《广州满族文史资料选辑》第一辑，广州市满族联谊会内部资料，1963年编印，第52页。
④ 广州市越秀区满族志编写组：《越秀区满族志》，越秀区地方志办公室内部资料，第133页。

同。闺女出嫁的打扮是"将头发梳成几股,缠以红头绳,盘在头上,名为'箍儿头',身穿红色棉衣棉裤,脚穿红头绿尾中间绣花有尾抽的踩堂鞋,用花巾或红巾盖着头和脸"。① 这种发式又叫箍圈头,是"把头发两边统统拢上来,在头顶分开,系成圆圈似的"②,是东北满人姑娘骑马时为了防止头发被巅散而设计出来的。广州满人嫁娶喜欢挑选秋天,可以避开酷暑,也不致寒冷,但是新娘需着红袄红裤,这是因为北方日夜温差大,无论夏天冬天,夜晚寒气都比较重,所以新娘红袄红裤的装扮流传下来。

踩堂鞋也是东北满俗中就有的,满人认为女儿不能穿娘家的鞋出嫁。新娘由父兄背上轿,花轿及仪仗队回男家途中,沿途燃放鞭炮,女家的亲属及亲友都扶着花轿送到男家。这些习俗都是沿承京旗满人婚俗。"迎亲花轿回来,一直把花轿抬入屋内,屋门口太小不能进花轿的,也要把花轿紧贴门口,以坐北向南的方向坐下,由娶亲太太和迎亲太太一左一右伺候在花轿旁,待花轿门打开时,即呼新娘伸出双手来接两位太太给她的'一包金'和'一包银',然后才由两位太太扶她下花轿。"③ 新娘持金银下轿的习俗与京旗满族新娘"抱宝瓶"习俗相似,象征着新人把财气带到婆家来。新娘进入新房之前还要"跨过马鞍,拜过米斗,由新郎向她虚射三箭"。④ 东北满族新娘需踏马杌,即民间所称的"板凳",象征新娘从马背上下来,新郎也真的搭

---

① 关艳如、关漱玉、李慧德口述,郎秀萍记录:《广州满族的旧习记闻》,《广州满族文史资料选辑》第一辑,广州市满族联谊会内部资料,1963年编印,第52页。
② 访谈对象:GXX;访谈时间:2002年11月19日;访谈地点:广州市满族历史文化研究会;访谈人:关溪莹。
③ 关艳如、关漱玉、李慧德口述,郎秀萍记录:《广州满族的旧习记闻》,见《广州满族文史资料选辑》第一辑,广州市满族联谊会内部资料,1963年编印,第52页。
④ 同上。

弓射箭，谓之"驱煞神"，象征除去了新娘身上的晦气。①一对新人面北而拜，俗称"拜北斗"，这是满族北斗崇拜的遗留。在京旗的婚礼中，板凳变成马鞍，"鞍"与"安"谐音，又有了乞求平安的意味，射箭变成虚射，拜北斗仪式被取消，受汉族文化的影响，满族婚礼中的原始文化元素减少了。广州满人继承了京旗的婚礼程序，但是他们改"拜北斗"为"拜米斗"，体现出强烈的实用性目的。

接着是最隆重的仪式，新娘"穿凤冠霞帔，系着小铃铛，新人拜天地，行结婚大礼，孩子们抢铃铛"②。新娘入新房后，"由新郎用木尺挑起盖头巾，并进行'金杯换玉盏'及'抢被窝挡'的仪式，最后是这对新婚夫妇共吃'子孙饽饽'"。③在东北满族婚礼中这一项叫做"合卺"："祝吉之后，新人回到洞房，由全福人斟满两杯酒，新夫妇各饮一口，互换酒杯，再饮一口，即为'合卺礼'。接着吃子孙饽饽和长寿面。"④在京旗的婚礼中也有"合卺"一项，上炕抓盖头，吃子孙饽饽，喝交杯盏，到广州后这项习俗变化不大。合卺后这晚并不同房，而且新娘要坐在婚床上不许下地，直到第二天吃婚酒的人陆续到来，这是东北满人婚俗中"坐福"的变异。新娘需盘腿坐在炕上，要等到新郎谢亲宴毕和自家的第三天筵席散后才可自由活动。满族先祖

---

① 访谈对象：XYA，60岁左右，本溪市南芬区思山岭（满族）乡石湖沟村人，曾经担任过乡经营管理站站长，副乡长，最后在南芬区林业局退休，80年代曾经参与过三套集成的收集整理工作。他祖籍山东，祖先110余年前从山东移民到东北，从祖父一辈开始定居在石湖沟村，入了旗籍，他的外祖母是纯满族人。访谈时间：2009年1月21日；访谈地点：本溪市南芬区思山岭（满族）乡石湖沟村徐延安家中；访谈人：关溪莹。

② 访谈对象：GXX；访谈时间：2002年11月19日；访谈地点：广州市满族历史文化研究会；访谈人：关溪莹。

③ 关艳如、关漱玉、李慧德口述，郎秀萍记录：《广州满族的旧习记闻》，《广州满族文史资料选辑》第一辑，广州市满族联谊会内部资料，1963年编印，第52页。

④ 王宏刚、富育光编著：《满族风俗志》，中央民族学院出版社1991年版，第172页。

掳来的女子经常反抗和逃走，娶亲时要把她们捆绑起来置于帐内，久之形成"坐帐"习俗。后来新娘往往故意端坐床上，不让新郎入内，坐得越稳，显示姑娘的定力越强、品德越端正。在北京旗营中沿袭了这一习俗，广州满人也予以保留。

第四天夫妇回门，"姑爷回娘家谢亲，小舅子帮忙，我们叫'按兄弟'，门房上要用红字定（写）出结婚人的名字"。[①]至此，婚礼完成。京旗满人也有婚礼后"接回门"习俗，新娘回到娘家后还有诸多礼仪，但是广州满人没有那么多讲究了。

此外，广州满人婚礼中还有一些东北满族和京旗满族没有的习俗，如男家迎娶的仪仗队用"马锣马鼓"，敲打头锣时，每次要敲足十响，敲打的音律很像粤剧《六国大封相》的音乐；新人拜米斗和射箭时，要指定专人把酒倒进燃烧着的炭炉中，使其产生熊熊烈火，取兴盛之意，似乎暗示着广东人推崇的"旺"气。这些体现了广州满人婚俗在继承民族传统的同时，不可避免地受到岭南民俗文化的影响，产生一些变异。

（三）祭祀

东北满人的传统祭祀与萨满信仰关系密切。萨满教是一种原始多神教，女真人认为万物有灵，因此不但对天、地顶礼膜拜，而且把与自己生活有密切关系的一些动物、植物也奉若神明，同时还供奉祖先为神。[②]比较完整的萨满祭祀可分为祭家神、放大神、祭野神三部分，家神多指天神、农神、祖先神、部落守护神、佛托妈妈等神灵，放大神的神灵多指本氏族已故的萨满神，野神即动物神。随着满洲的进

[①] 访谈对象：GXX；访谈时间：2002年11月19日；访谈地点：广州市满族历史文化研究会；访谈人：关溪莹。
[②] 刘小萌：《八旗子弟》，福建人民出版社1996年版，第149页。

步,放大神和祭野神习俗逐渐消亡。满人祭祀主要拜祭家神,[①]时间在除夕、元旦以及十二月初八,[②]也有某些特殊的日子,如结婚、生子、丰收等喜庆之时,或因病许愿、还愿及求祖先保佑安康之时等。

第一天祭祖,先在祖宗神位前摆上供品,穆昆达(族长)率领全族老幼,依辈份排列在神位前,萨满祝辞,众人行叩头礼。接着是"领牲",主祭人以酒浇猪耳,如猪大叫或晃耳朵就意味着祖先领了,为大吉大利。同时,萨满唱《领牲调》或《肉神调》。杀猪后解开,放锅内煮熟,再按猪的原形摆好上供。接着萨满着神衣神帽,腰悬古镜、铜铃,手击皮鼓,且歌且舞。最后众人行叩拜礼。[③]

晚上是"背灯祭",祭祀仪式与祭祖大致相同。领牲后,杀猪摆件,熄灭一切光亮,族人跪地,萨满用神刀、腰铃等合奏,代表众夜神在风云中行走的脚步声,萨满唱《背灯调》,祭祀毕,族人分食供肉。这些神祇多为黑夜的守护女神和氏族保护神,背灯祭是对其先人遥远的星光古洞生活的追忆。[④]后来也有祭祀佛托妈妈的说法,佛托妈妈神位在西墙祖宗板北侧,神像(画像或木雕像)放在匣内,置于木板上。传说她是明朝总兵李成梁的小妾,为救努尔哈赤被打死,因此被满洲人祭祀。

第二天祭天,即祭"索伦杆",又称之为"立杆大祭"。神杆是从高山上砍来的树杆,顶部绑上带有五谷杂粮和猪杂碎的草把,以供奉天神的侍女乌鸦和神鹊。[⑤]仪式也大体与祭祖相同。"领牲"时,将猪锁子骨套在索伦杆顶上,猪内脏放在锡斗里,让鸦、鹊来吃,

---

① 王宏刚、富育光编著:《满族风俗志》,中央民族学院出版社1991年版,第131页。
② 爱新觉罗·宗夔:《满族旧俗忆述》,《广东文史资料》第三十五辑,广东人民出版社1982年版,第266页。
③ 秋心:《满族传统风俗》,《满族研究》1987年第2期,第92页。
④ 王宏刚、富育光编著:《满族风俗志》,中央民族学院出版社1991年版,第136页。
⑤ 同上书,第137页。

称为"神享",三天内吃完便为大吉大利。这时既没有萨满的舞蹈,也没有诵祭词等活动。礼拜结束后,仅在院内设立炉灶,煮饭、煮肉、做菜,聚餐。① 猪肉分大肉、小肉。小肉与米合煮,做成小肉饭,众人分食;大肉燎毛后煮熟上供,然后众人分享,俗称"吃燎毛肉",族外人也可以吃。所有肉、饭三天内必须吃完,如有剩余需埋在索伦杆下。②

第三天祭佛托妈妈,即"背灯祭"之神祇,但祭祀的目的不同,前者属报恩,此则为求子孙兴旺、人口平安,所以又称佛托妈妈为"子孙娘娘""锁头妈妈"。另外,前者有神像,此则有位无神,只有黄布口袋,俗称"妈妈口袋",也叫"索子口袋",里面放着"子孙绳"(或称"长命绳"),仪式亦同前,唯有领牲时在院内柳树下,祭后第二天,尚有挂锁、换锁之举。③

满族的祭祀充溢着浓重的原始色彩,与满族生息的自然生态环境和民族历史紧密相关。

北京满洲八旗军家在新年祭祖。他们供祖有"板子"和"杆子",板子是一块五尺长、一尺宽的木板,安放在西墙上,下面用斜鱼(三角托架)托住,上安小木匣两只来贮备祭器。板子下面墙上钉一个大钉子,上面挂一个黄布口袋,长三四尺,内贮礼单及小儿所换项锁。虽然小木匣中的祭器是什么无从考证,但是从板子安装位置和诸多功能可以推断它是满族传统中的祖宗匣的变体。杆子是一根松枝或柏枝,放在院子中的洁净之处,长一丈左右,上尖下粗,下安圆形石座,离杆尖四分之一处环杆安一个锡制圆盘,形似极浅的圆刁斗。很明显,它与东北满洲的索伦杆极为相似。

---

① 荣桓山:《略谈满族民俗》,《满族研究》1988 年第 1 期,第 76 页。
② 秋心:《满族传统风俗》,《满族研究》1987 年第 2 期,第 93 页。
③ 同上。

他们祭板子用"黄顶针饽饽",祭杆子用"白顶针饽饽",系由家里的"洁净女人"制作。除夕日,板子杆子前各供供桌,在供品顶针饽饽之前设铜香盘,上面用香撒成长圆福寿字或万字不到头等花样,香系绿色粉质。供品除顶针饽饽之外,每日供茶,除夕夜加供"素馅煮饽饽"。除夕黄昏,上供叩首,三跪九叩。辞岁叩首,初一早晚叩首,初二晨起叩首撤供。每叩首,就点蜡烛撒燃香。[①]可见,随着大批满族子弟举家迁徙,进入北京城和八旗驻防地,萨满教的残风遗俗在京旗祭祀中还有闪现,但是原始古朴之风逐渐淡化。满汉风习融合后,北京旗营中的祭祀习俗比东北满人的祭祀习俗更为简化。

广州满人的祭祀与东北、北京两地的祭祀风俗差异比较明显。首先,除夕之夜满人在家里给祖先的画像或祖宗袋行礼,被称做"拜祖宗",但是没有严格的仪式,他们认为真正的祭祀不在腊月或者春节,而是在每年清明节及重阳节,各旗子孙分别集中于宗祠祭祖,后来着重于春祭,既每年清明节。清明祭祖是广州的习俗,广州人俗称"拜荃",每到清明节必在家中祭祖,然后到祖先坟前祭拜,并且遵从一套比较严格的仪式。

其次,东北满人祭祖时通常以同姓为一个家族,其依据是血缘关系。据世居东北的满族老人关忠哲回忆,新中国成立之前,他的家乡辽宁省灯塔县石桥子村主要聚居着三大姓氏,老关家、老孟家和老张家,都是满族,分属不同旗,他家是镶蓝旗。祭祀时同姓的男丁都要参加,其他姓村民即使属于镶蓝旗也不能加入老关家的祭祖。[②]北京满族也是在家族中祭祖。广州满人的祭祀则以旗为单位,在各旗的宗

[①] 金受申:《老北京的生活》,北京出版社1989年版,第137—139页。其中的文章取于金先生30年代末40年代初发表在《立言画刊》上的作品,描绘了清末民初北京的生活。

[②] 访谈对象:GZZ,满族,1923年出生,祖籍吉林,出生于辽阳市灯塔县;访谈时间:2005年8月24日;访谈地点:辽宁省本溪市关忠哲老人家中;访谈人:关溪莹。

祠中进行。据《(乾隆)广州府志》记载,广州满人宗祠初设于康熙二十三年(1684),为正红旗人和顺所设。至乾嘉时期,各旗开始在防区内普建宗祠祭祀,祠旁多有"和尚庙",以为超度之备。

  春祭,又称祭祖,是广州满族一个较隆重而又有民族特色的集体祭祀仪式。在清明节前夕,各旗均分别举行一年一度集体拜祭先人的仪式。是日入夜后,各姓子孙穿着节日服装,喜气洋洋地前往宗祠。
……
  祭祀仪式在深夜十二时开始,参加祭祀的男丁,按次序排列着,由祠长主持,领着众人进香叩头,辛亥革命后逐渐改为行鞠躬礼,以示慎终追远之意,然后放鞭炮。在祭祀开始之前,先聘请几名穿着袈裟的和尚登坛诵经,作乞福祝愿。在诵经过程中,还举行一套耍大钹节目助庆。然后在宗祠天阶,当着先人的牌位宰猪,将猪肉按男丁人口分发,称做胙肉,众人领取肉后才离开宗祠。[①]

(四)日常礼俗

  满族虽然源自关外,但经过长期与汉族的交融,受儒家礼教的影响比较大,形成了种类繁多的礼节,有"八旗旧家,礼法最重"之说。入关前满洲礼俗保存着古朴的民风和鲜明的民族风格,有抱腰礼、顶头礼、擦肩礼、贴面礼、接吻礼、拉拉礼和抚鬓礼等,在北京逐渐简化,沿袭下来的主要有请安、打千和叩拜礼等。[②]广东世居满族对礼节较为讲究,有的礼节沿袭传统,有的被简化,也有的产生了变异。

[①] 汪宗猷主编:《广东满族简史》,广东人民出版社1990年版,第162、163页。
[②] 赵杰:《京味文化中的满族风俗》,《北京社会科学》1997年第1期,第97页。

叩头：这是晚辈对至亲长辈如父母、老师等使用的礼节，通常用于春节前夕的辞岁、结婚时的认亲、开学时拜老师等场合。叩头礼源于东北满族的叩拜礼，这是满族礼节中最隆重的一种，一般在初见长官、婚丧大礼、祝寿庆宴或受穆昆达指责时才用。叩拜礼在金代时比较复杂：先摇动双臂，向前三步，掸袖时过肘左右三次。右膝着地，左膝弯曲，双手扶左膝，摇动三次再叩头。① 京旗中，礼仪已经简化了，"施礼者站在受礼者之前，先弯曲右膝，再弯曲左膝，两膝盖着地，上身挺直，谓之跪；接下去便是拜，俗称叩头，有空首、顿首、稽颡三种形式"。② 广州满人更是简化为只叩头而已。

打千：跪半膝，属于请安礼。东北满人礼节中的"打千儿"又叫"请大安"，其动作是："先掸箭袖，袖头伏下，左膝前屈，右腿后弯，头与上身稍为向前俯倾，左手贴身，右手下垂，介于作揖与下跪之间的动作。边动作边唱喏：'请某某大人安'。"③ 请安礼是最普通的礼节，流行于各个阶层，晚辈见长辈、下级见到上级、多日不见的平辈相见，均行此礼。④ 在北京旗营中，打千儿为重礼，通常是下对上，男式为先哈腰，左腿前伸并弯曲，右腿撤后；左手扶膝，右手下垂，口中同时唱喏：请某某安。⑤ 可见，从东北到北京旗营再到广州，这项礼仪没有大的变化。

鞑子礼：广州满洲妇女对长辈扣鞑子头的专用礼节，俗称"道万福"。媳妇到公婆家后，早晚都要向老人请小安，新媳妇到长房去拜祖宗袋时也用鞑子礼。行礼人双腿平行站立，两手扶膝一弓腰，膝略屈如半蹲状，俗称"半蹲儿"，与男子"打千儿"礼同。这一礼节与

---

① 王宏刚、富育光：《满族风俗志》，中央民族学院出版社1991年版，第172页。
② 赵展：《满族文化与宗教研究》，辽宁民族出版社1997年版，第264页。
③ 王宏刚、富育光：《满族风俗志》，中央民族学院出版社1991年版，第122页。
④ 赵展：《满族文化与宗教研究》，辽宁民族出版社1997年版，第263页。
⑤ 赵杰：《京味文化中的满族风俗》，《北京社会科学》，1997年第1期，第97页。

东北满族妇女的"请小安"礼类似,"施礼者在受礼者面前,双腿并拢,左手心向上,右手心向下,两手相搭,贴到大腿,双膝向下弯曲,成半蹲状,直起身来,便告礼成。后来发展为两手相搭贴在大腿根部,也有两手分开捂大腿根部,向下一蹲一起,完成这一动作,叫做'行万福礼'"。①

作揖:广州满人平辈见面时互相作揖,对亲朋送别时也有作揖的,行作揖礼限于男性。这本是汉族礼节,相当于东北满人的"请小安"礼。请小安就是问安,东北满人"垂手站立,低头唱喏:'问某某好'或用满语致意:'赛音玛法'。平辈相见,也常用此礼。"②在北京旗营中,仍沿袭了满洲先人的请安礼作为十分重要的礼节:"满族下辈对长辈,三日一请安,五日一打千儿。请安为普通礼,见熟人垂手站立,鞠躬唱喏:请某某安。"③在广州满人的礼俗中,男性的"请小安"礼已经不存在了,取而代之的是作揖礼。作揖礼被广州民众广泛使用,在满洲旗营中也出现作揖礼,这是满汉融合的产物。

其他的顶头礼、擦肩礼、贴面礼等经过八旗入关后的百余年文化融合,京旗民众已不再使用,广州满人中也没有这些礼节了。

(五)服装与发式

起源于东北白山黑水间的满洲族,其传统服饰中具有很强的渔猎民族特色,如女真人涂猪油于身以御寒,服装多以动物毛皮制成,设计上便于骑射等。入主中原后,制衣原料丰富了,工艺也更加讲究,在京城满人中逐渐形成具有民族特色的服饰体系。旗营中的广州满人在服饰上虽逐步起着变化,但在一个较长的时间里,仍保持着民族特色。如广州满人不论老幼都习惯穿白袜套,内衣是对襟白衬衫,有束裤腿的习惯,这是渔猎民族骑射之风的遗存。在满人的衣着中,旗袍非常有代表性:

---

① 赵展:《满族文化与宗教研究》,辽宁民族出版社1997年版,第263页。
② 王宏刚、富育光:《满族风俗志》,中央民族学院出版社1991年版,第122页。
③ 赵杰:《京味文化中的满族风俗》,《北京社会科学》1997年第1期,第97页。

旗袍原为满洲男女共同的服饰，满语称"衣介"，分为单、夹、皮、棉四种。这种"衣皆连裳"的服装同汉族的"上衣下裳"是有明显区别的。旗袍的款式是：无领（后来习惯加一条假领）、窄袖（或箭袖）、左衽、四面或两面开叉，有扣袢、束带。其中的"箭袖"（满语"哇哈"）别具特色，是在窄袖口上接一个半圆形的袖头，形如马蹄，俗称"马蹄袖"，平时挽起，冬季打猎或作战时放下，覆盖手背以御寒。后来在行礼时，先把袖头"弹"下来，称为"放哇哈"，这成为清朝礼节中的一个规定动作。妇女旗袍和男子相同，但很讲究装饰，领口、袖口、衣襟都绣上不同颜色的花边，有的多至十几道，更显得美观。①

驻防广州时，男人已经不再穿旗袍。旗袍变成了妇女专用的日常服饰，长度由下摆长至足面，由骑猎时代的宽腰身直筒式逐渐演变成紧身合体的曲线型、流线型的款式，袖口也由箭袖变为阔袖口，领与袖均镶阔边，增加了美感。质料方面，富家用丝绸，贫家用棉布。老年人或孀妇用素淡的颜色，少妇和闺女用鲜艳的颜色。旗袍由于美观、大方和实用，经过改良，成为全国各族妇女所通用和喜爱的服装，一直流行至今天。

满人男装以马褂和坎肩为主。"马褂常与旗袍搭配，它的样式很像今天人们穿的对襟小棉袄。圆领，对襟，有开叉，有扣袢，身长齐脐，袖长及肘，四面开叉。因它身、袖较短，冬季可做成皮或棉的，套在长袍外面，便于骑马，故名'马褂'。"②清初马褂流行于军旅，康雍以后民间开始盛行。这一段正是广州世居满族先人滞留京津

---

① 秋心：《满族传统风俗》，《满族研究》1987年第2期，第82页。
② 王宏刚、富育光：《满族风俗志》，中央民族学院出版社1991年版，第7—8页。

时期，可以想见他们是穿着马褂离开京城的。但是在广州旗营中没有关于马褂的记载，大概由于天气炎热的缘故。

广州旗营中的男装分老年人与青少年的式样。老年人穿着长衫，冬季用棉布，夏季则用夏布。这种长衫应该是男式旗袍的变形。青少年上衣是扎袖、密纽扣、对襟，下衣是索带裤、束裤脚的练武装，便利射箭、骑马及练武。青少年也着长衫，内穿对襟衫作衬衫，在长衫上套上一件"嵌心儿"，这种"嵌心儿"又叫坎肩、背心、马甲，是满洲传统服饰。①

坎肩无袖，穿着方便，男女老少皆喜。坎肩的用料和做工十分讲究，式样也多，常见的有对襟直翘、对襟圆翘、捻襟、琵琶襟、一字襟、人字襟、巴图鲁坎肩等。琵琶襟坎肩的大襟边不到腋下，而是从第二个纽扣的地方，直通摆下，但不到底，下襟缺一小截，别具风格。巴图鲁，满语意为"勇士"，巴图鲁坎肩是京师旗人最时尚的款式。在"一字领"的前襟上，装有排扣，两边腋下也有纽扣，穿着便利，外形洒脱。当时八旗子弟常在它两边的裤裆处，加上两只袖子，号为"鹰膀"，当八旗将士穿着这种带鹰膀的巴图鲁坎肩在马上疾驰时，这飘飞的肩膀好像要把英勇的骑士带到空中。广州满人服饰中的坎肩没有这么复杂的装饰和多种象征意义，简化为民众的日常服饰。

广州旗营中妇女的头饰比较端庄，习惯梳盘头，带大耳圈，头插钿钗等。妇人与闺女的盘头是有严格区分的，闺女梳的盘头是将头发由正中分两边拨开，称作"拨顶"，而妇人只将头发向后梳，不拨顶。盘头不是满洲传统风俗，满洲妇女的发式变化比较多，幼年时期因习骑射，发式与男孩相同。旗家女子到了及笄年岁，扎发作双角状，叫做"丫髻"，出嫁时方改。妇女的发式为顶上梳髻，也称旗

---

① 汪宗猷：《广东满族史》，中国戏剧出版社2006年版，第190页。

髻,有别于梳在脑后的汉髻,有事出门才梳"两把头"。① "两把头"就是把头发束到头顶,分成两绺,在头顶上梳成一个横长式的发髻。梳这种发型的多数是满洲上层妇女或青壮年妇女。② 这些传统发式在广州满营中不再流行,取而代之的是汉族的盘发于脑后的发式,但是她们"梳头发后插钿钗,闺女的钿钗双口,妇女的钿钗单口。凡女性必穿两耳,均各戴三个大耳圈,在第二孔的耳圈吊耳坠。花款上,闺女与妇人也有区别:闺女吊的耳坠是千层花,妇人吊的耳坠是单层花"。③ 这些仍然是满族的传统饰物。

旗营中广州世居满人的民俗生活主要沿袭了东北满人和北京满人的生活样态,受当地社会民俗文化的影响比较有限,这是旗营生活长期封闭和国家权力有意识模塑的结果。在这一阶段,八旗民众的民俗生活世界中也出现了三个较大变化,对这个族群后来的发展产生了重要影响。

二、新生民俗

到达广州以后,满洲民众的生活中新生了三项重要的民俗事象:观音信仰、八旗宗祠和满族坟场。

(一)观音信仰

驻防广州的满人有一座观音楼,位于西濠街(今海珠中路)与大市街(今惠福西路)交界处。这是一座跨街的木楼阁,于明朝末年建造,初名万善宫,咸丰年间改为万善禅院,因坐落在满洲正红旗驻防地段,一向由正红旗管理。满洲八旗官兵来粤驻防时,将乾隆皇帝赐的木雕鎏金坐式观音像供奉在这里,因而得名观音楼。以后,观音楼

---

① 刘小萌:《八旗子弟》,福建人民出版社1996年版,第84页。
② 荣恒山:《略谈满族民俗》,《满族研究》1988年第1期,第73页
③ 汪宗猷:《广州满族志》,广东人民出版社1994年版,第138—139页。

成为满族的香火庙，是专门供奉观音菩萨的地方。光绪年间，随着旗营的松懈与旗民生活的日益困顿，观音楼也日趋零落，满族民众雇请了贞海和尚师徒主持观音楼香火。关于这尊观音像的来历，有两种说法：根据楼内墙壁上的碑记，它是清初平南王尚可喜从北方带来的；根据旗营中的说法，观音像是满洲八旗官兵在北京出发的时候，皇上特命内府颁赐给他们的。[①]在笔者的访谈中，所有人都持第二种观点，而且都说自己信观音。可见观音信仰是满洲旗营中新生或者说是被强化的民间信仰，在广州满族中世代流传，根深蒂固。

（二）八旗宗祠

广州世居满族虽然世代为平民，但是八旗兵营中设立了八间宗祠。这些宗祠的设置始于嘉庆年间，至道光年间各旗就普遍建立起宗祠，分别设在各自驻防区，镶黄旗在大德路，正白旗在麻行街，正白旗在白薇街，正红旗在西濠街，镶白旗在大市街，正白旗在大利巷，镶红旗在光塔街，镶蓝旗在白沙巷。[②]每间宗祠旁边还设有和尚庙一间，雇和尚代为管理香火。这些宗祠在《驻粤八旗志》和《广州驻防事宜》中均未见记载，民间讲述修建宗祠缘于"正红旗一个名和顺的佐领，鉴于驻防广州的满洲八旗子弟对先人应有一个供奉的地方，作为祭祀之用，于是仿效广东汉族祠堂的形式在正红旗范围内的西濠街设立'宗祠'，供奉该旗各先人牌位，后各旗陆续模仿"。[③]在全国其他八旗驻防城市的世居满族生活中也未见关于宗祠的描述，修建宗祠应是广州八旗民众受到岭南地域大兴宗祠的民间社会风俗影响的结果。

---

① 舒仲玑：《海珠中路观音楼的今昔观》，《广州满族文史资料选辑》第一辑，广州满族联谊会内部资料，1963年辑录，第26页。
② 汪宗猷：《越秀区满族志》，越秀区地方志办公室内部资料，1994年，第119页。
③ 汪宗猷：《广东满族志》，广东人民出版社1994年版，第136页。

（三）满族坟场

明代女真人实行火葬，"头目女真则火葬"。①满洲人在关外一向用火葬，死于家者，第二日"举之于野而焚之"；如果战死疆场，则由同伴火化后将灰携归族寨。②清初，政局不稳，驻防区域的转换时常发生，为了牢固控制心腹部队，避免他们被驻防地汉族同化，清政府规定驻防官兵每三年换防一次，驻防期间不幸去世的官兵实行土葬，"驻防兵丁病故，其骨殖以及遗存寡妇眷口向例三年一次，将军派防御观官二员、领催八名、甲兵二十六名、跟役三名押解护送回京"（《驻粤八旗志·建置志》）。乾隆年间，天下稳固，八旗驻防制度逐渐完善，乾隆二十一年（1756），开始将各地轮换驻防改为长期驻防，家属也随带定居。"嗣后驻防兵丁著加恩准其在外置立产业，病故后即著在该处所埋葬，其寡妇停其送京。但各处情形不同，兵丁内有无力置地营葬者亦未可定。著将军、都统等酌量动公项置地亩，以为无力置地穷兵公葬之用。"（乾隆二十一年二月圣谕，《驻粤八旗志·卷首·圣谕》）

乾隆二十一年十二月初六日，乾隆应八旗将军李侍尧之请，准予动用公项购置田亩，于是在广州城东郊番禺县属建立八旗茔地。"八旗茔地，在大东门外蟠松岭、驷马岗，官路东碑亭、西碑亭五大段，计地八十九亩，竖立四处界石，永为八旗安葬之所。"（《驻粤八旗志·建置志》）但是这处坟场处地偏僻，远离驻防地区，也没有相应设施，渐渐废弃了。满族人自发地将先人骨殖置于大、小北郊，尤以小北郊一带为多，辛亥革命后更是如此。"一般以白云庵为立足点，先人多殡葬于大小红鹄、大石鼓、狮球、狮右爪、狮带、金台岭、白

---

① 吴晗辑：《朝鲜李朝实录中的中国史料》第二册，中华书局1980年版，第407页。
② 刘小萌：《八旗子弟》，福建人民出版社1996年版，第129页。

马饮泉等山岗,虽然这些山岗亦葬有汉族坟,满人也没有定出范围,但是满洲先人坟是相对的集中,每年清明及重阳时挑着'金银球'及香烛等冥品,不少满族同胞到小北郊上坟时,名曰'出城',就是上山拜扫先人坟墓。"① 虽然经历了辛亥革命及多年战乱,清明和重阳祭祀满族落广祖和先人的习俗并未改变。

第三节 满城中的国家认同与族群认同

一、作为国家权力代言人的广州满人

在迁移到广州的前 155 年中,满人一直居住在封闭的满城里。他们是满洲统治者的嫡系部队,堂而皇之地居住在广州城的中心腹地。广州老城区越秀区至今仍保留有天字码头、接官亭、八旗二马路、水师旗营操场等满洲官兵进行军事训练和执行公务的遗址;他们执行最重要的军事任务,驻守内城城门,虽然不直接参与广州地方管理,但是对汉八旗和绿营军有监控的权力,管辖范围拓及广东省;作为"根红苗正"的皇室正统部队,他们享有多项特权,不参加生产劳动,一切由朝廷供养。

在移民初期,八旗驻防制度保障了满洲官兵的生活秩序、军事行动力和文化传统,对维护社会稳定、国家安全都有一定积极意义。但是随着清王朝由盛转衰,八旗驻防制度的弊端逐渐暴露出来。一些原本出身贫苦、勤俭朴实的驻防兵丁因为受俸多时、安逸日久,沉溺于荒诞玩乐,惹是生非。一些八旗子弟之所以如此妄为,根本原因在于

---

① 《再谈广州满族墓地的变迁史》,汪宗猷主编:《南粤满族文集Ⅱ》,广州市满族历史文化研究会内部资料,2003 年,第 235—238 页。

他们是朝廷的代言人,享受周围汉族民众没有的特权。处于这样一种存在状态的满洲驻防官兵对清王朝的国家主权、统治理念和文化传统必然十分认同。这种彼此依赖、共荣共耻关系正是八旗驻防官兵与清朝统治集团之间的关系。

二、族群认同的前激发状态

满洲八旗子民移居广州不是自然移民的过程,而是清王朝保疆绥远的政治举措,因此,满族落广祖的经历与其他族群自然移民广州的情况大不相同。他们与移入地之间的互动与文化体系的建构是被动承受、强制执行的。满城与其说是他们的生活世界,毋宁讲是清朝政府的边疆军营。清政府设定了八旗民众严格的生活区域,制定了完备的行政指令,规范移民的职责与生活,利用钱粮制度控制他们的经济命脉,塑造了国家权力操控下的封闭文化体系。

作为满人主体的女真人,在其崛起的漫长时代里,以共同的血缘关系组成氏族,他们生活在松花江畔、长白山麓的森林和草场中,生产资料共有,集体劳动,平均分配。"氏族有自己的称号和神灵作为标志,氏族的管理权属于氏族会议,并由氏族长代为行使。父系氏族一般以父系家庭公社为经济单位,氏族的作用主要在于社会和宗教方面。氏族结成部落组织,承担非常完整的社会功能。"[①] 入关之前,满人已经脱离了原始的氏族部落形态,出现了经济独立的家户,分散杂居的氏族由于与其他氏族比邻而居,因氏族外婚进而结成一体。

面对恶劣的生态环境和生存资源的短缺,他们需要一种高度协同

[①] 高丙中:《东北驻屯满族的血缘组织——从氏族到家族再到家户的演变》,《满族研究》1996 年第 1 期,第 16 页。

的组织形式,八旗制度是满族特有的集政治、军事和生产于一体的制度,随着女真人的崛起逐渐形成。经过漫长复杂的发展,它已经形成超血缘和地缘的社会组织方式,"来自不同民族和地区的几十万人,在生产力、生产关系、赋役负担、国家法令、语言文字和风俗习惯等方面,大体上达到了同样的水平,旧的差异迅速消失,一致性愈益增多,逐渐形成为一个在居住地区、经济条件、语言文字等方面基本一致的新的共同体"。① 这一制度为后金政权和清王朝的建立奠定了基础,也对清王朝的统治起了积极的作用。

人类学家史禄国在《满族的社会组织》中指出:"八旗对满族的固有的社会组织并没有造成大的影响。"② 他的研究对象是黑龙江黑河地区驻屯八旗官兵的后裔,他们的祖先在康熙至乾隆年间大规模从关内回防东北各地,也是驻防八旗部队的一个支系。他认为女真人的血族群体经过漫长的年代从氏族转化为家族、宗族的血缘和地缘的综合体,八旗把全部满族联合成一个民族单位。

但是对广州满人来讲,八旗的确主宰了他们的生活。回防东北的八旗官兵回到女真人的发源地,回到孕育古老的女真氏族组织的情境中,随着八旗制度的松懈和解体,他们由官兵转为农民,逐渐依附于土地,促成了他们由血缘氏族向血缘与地缘结合的家族转化;但是驻防广州的满洲官兵完全脱离了自己的民族情境,也脱离了土地,只有适应城市生活的新的社会组织形式才能维系他们的文化体系,因此,八旗依然是他们的主要社会组织方式。来到广州后,他们即以八旗来划分地界,形成界限分明的生活领域;操演、工作均以八旗为组织单位;建立宗祠也是以"旗"为单位,而不是按家族划分。八旗组织主

---

① 范丽:《努尔哈赤创建的八旗制度》,《满族研究》1994年第1期,第39页。
② 史禄国著、高丙中译:《满族的社会组织:满族氏族组织研究》,商务印书馆1997年版,第15页。

宰了广州满人的世界，这种社会组织方式将他们置于朝廷的严密监控和规范管理之中，封闭的民俗文化体系得以形成，并延续了150余年。正如美国汉学家欧立德在《满洲之道：清朝的八旗制度与民族认同》一书中所讲："满族的精英集团能够成功地维持本民族的一致性和民族意识，靠的就是这个严密、独特的组织。"[1] 定宜庄在对清代遍及全国的八旗驻防点进行研究后认为，"八旗制度成为满洲认同的根基，它为被它囊括于其中的成员建立了一种与众不同的生活方式"。[2] 在清朝前期，八旗驻防制度确曾行之有效，是满洲统治者在军事上乃至政治上控制全国的得力工具，但是在乾隆朝后逐渐衰败，导致了满汉民族难以消除的隔阂和敌视，而它对八旗成员严格的禁锢和束缚，又严重阻碍了满洲人民的健康发展。[3] 另一方面，他们没有经历寻找新的生存资源的艰辛历程。来到广州后，落广祖即生活在朝廷为他们划定的界限分明的生活区域里，天然地占有一块生存领地；由于钱粮制度的保障，他们不必参与广州社会生产，不直接争夺当地的社会资源。缺乏与移入地环境的磨合造成满洲落广祖实际生存能力的下降，为其后来走向低谷埋下了伏笔。

移民群体经过急遽的时空转换，进入一个完全陌生的环境，他们面对的是如何在移出地与移入地之间搭建一座桥梁，如何根据移入地的生态和文化环境及他们自身的资源贮备，重新建构适宜他们生存与发展的空间。移民群体的主体能动意识、移入地对他们建构活动的积极回应及双方彼此的互动是这一建构过程的主要因素。不过，对于派

---

[1] Mark. C. Elliott: *The Manchu Way: The Eight Banners and Ethnic Identity in Late Imperial China*, Stanford University Press, Stanford California, p.63。

[2] 定宜庄:《美国学者近年来对满族史与八旗制度史的研究简述》，《满族研究》2001年第1期，第63页。

[3] 定宜庄:《清代八旗驻防研究》，辽宁民族出版社2003年，第276页。

驻广州的八旗官兵来讲，他们的移民是一种国家行为，他们与广州社会的互动也不是自然的融入和接受过程。在抵达广州的前155年中，他们生活在国家权力的严格操控之下，生活空间与文化体系的建构是被动与无意识的，也没有得到移入地民众的回应和支持。他们虽然到了广州，却仍然生活在自己的世界里，利用民族的传统资源来建构民间生活世界。他们沿袭传统民俗和尚武之风，与广州社会之间除了一道真实的围墙之外，还横亘着一道看不见的民俗之墙。为了使民俗之墙更加牢固，他们信奉朝廷赐予的观音菩萨作为保护神，还划定长眠之地构筑阴间的围城，希望在围城中完成生死轮回。不过这两道墙并非密不透风，满洲旗营存续的150余年中，广州成为"西风东渐"的窗口，1840年以后，由于西方势力的入侵，这里掀起"师夷长技以制夷"近代爱国主义运动高潮。积极的革命态度、开放的社会风气、包容的民间品格促成驻粤满族官兵与当地社会的交流日益增多，他们的民俗生活逐渐发生潜移默化的变化，逐渐出现一些岭南民俗特征。

费孝通先生指出，生活在一个共同社区之内的人，如果不和外界接触就不会自觉地认同。民族是一个具有共同生活方式的人们共同体，必须与"非我族类"的外人接触才发生民族认同，也就是所谓民族意识。[①]满洲落广祖作为民族传统文化的载体，在他们移居广州的前155年里，仍然生活在自己的世界中。由于经济自给、政治操控和文化隔绝，他们的族群认同处于一种前激发状态。他们与移入地之间的互动与民俗文化体系的建构是被动承受、强制执行的过程，而不是移民有效发挥族群认同自主建构的过程。这决定了他们的生活世界中潜伏了不可避免的危机，随着清王朝的式微和八旗制度的解体，广州满人面临着重新构建民俗生活世界的严峻现实。

---

① 费孝通：《中华民族的多元一体格局》，中央民族学院出版社1989年版，第7页。

第三章
从自在族群到自觉族群（1912—1976）

第一节 时代变迁中广州世居满族的存续

一、辛亥革命带来的命运转折

由于实行"一口通商"政策，广州成为清代中国唯一的对外通商口岸。与此同时，西方国家纷纷东来叩关。英国为了占领中国市场，大量向中国倾销鸦片。1840年3月起，林则徐下令收缴在广州的英国商人的鸦片，于6月3日至25日在虎门海滩销毁，由此揭开鸦片战争的序幕。中国与西方列强的矛盾由经济领域扩展到政治领域，广州成为中西政治、经济、文化纷争的演武场，民族国家建构率先在广州拉开帷幕。

在广州生活了150余年的满族民众与处于风云变幻中的广州城一样，他们的生活呈现出临界状态。随着清王朝的式微，广州满族受到的政治控制越来越弱化；物价飞涨、连年战乱使满族民众手中的"钱粮"无法满足衣食所需，生活日渐困顿；他们对岭南生态、文化环境已经适应，与广州其他民族的交流日渐改变着他们的生活习俗。19世纪以来广东的历次群众斗争和革命党人的政治风潮迫使他们不得不思危自保。

1841年5月30日，广州北郊三元里附近103乡的万名民众抛开清军的"庇护"，同占据广州的英军进行了一场自发武装反抗斗争。

1842 年至 1849 年,广州城乡人民以社学和乡约形式组织起来反对英人入驻广州,使钦差大臣感到"广东民风,非江浙可比"。1851 年开始的太平天国起义和天地会"反清复明"运动动摇了清政府的统治。

1894 年 11 月,孙中山在檀香山创建兴中会,次年 2 月,兴中会总部在香港成立,3 月广州分会成立,革命党人在广州的活动逐步展开。1895 年 10 月 26 日(农历九月九日)孙中山领导广州乙未起义。"当日城中重要衙署,实仅督统、总督、巡抚、水提等数处,虽皆各有武备,第以承平日久,防卫早弛。"革命党人"约定日期,使各地民团会党,分顺德、香山、北江三路,会集羊城,同时举事"。他们为了瓦解数万人的驻粤八旗军队,动员其"安勇一部,使届时反正",而兵舰中最大的镇涛舰上也有革命党人,呼应起义不成问题。后来由于香港一路人马没有按期到达,起义风声泄露,起义失败。①

1910 年 2 月 12 日,革命党人组织庚戌年新军起义,被水师提督李准、统领吴宗禹等率清军两千余人镇压,起义新军拼死抵抗,弹尽援绝而失败。

1911 年 4 月 27 日(农历三月二十九日),由孙中山、黄兴和胡汉民等领导的黄花岗起义枪声打响,黄兴率领敢死队一百二十余人,冲入督署,两广总督张鸣岐闻讯逃往水师提督衙门。

起义军在与清军的巷战中损失惨重,最后被清军巡防营残酷镇压,七十二烈士慷慨赴死的义举给了满洲官兵极大的震动。同时,在八旗兵营内部,由革命党人布置的一系列暗杀活动使守城驻军惊恐不已。辛亥年三月初十日驻粤将军孚琦被刺毙命;九月初四日,驻粤将军凤山由天字码头登陆,还未进城即被炮弹炸死。"满城风雨,人心惶惶,市面时起虚惊,路上行人,无端狂奔,商店随之闭户,及至互

---

① 中国史学会主编:《辛亥革命》(一),上海人民出版社 1956 年,第 226—228 页。

相访问何事发生,均曰未悉,须臾之间,市态恢复,安静如常,第每日一二次如此虚惊。"①

1911年10月10日武昌起义后不到一个月时间里,十多个省纷纷独立。②广东是民主革命的策源地,由于两广总督张鸣岐、水师提督李准等率领旗兵加强镇压和防范,受革命影响较深的新军被解散,造成广州革命力量削弱,革命党人决定先在外府州县起义,然后夺取广州。几十年来驻粤八旗官兵亲身感受岭南革命风潮的激荡,武昌起义后他们切实感受到革命的迫近与威胁,而八旗子弟"承平日久,防备早弛",他们对清政府已经谈不上有效忠之心,部分旗人正想摆脱钱粮之束缚,自谋生路。但是"惟惧革命党人以仇杀旗人为口号,因思不战亦死,战或得生,因此全体一致坚决死里挣扎,少壮者防守城垛及旗民交界处,老弱者逡巡内街,昼夜提高警惕,不辞辛劳"。③与驻防兵士的矛盾心情相似,张鸣岐、李准等上层官员明争暗斗,统治地位日渐削弱,他们也暗中向革命党输诚,各谋出路。

在广州这座有浓厚商业传统的城市,商人是战乱的最大受害者,广州巨商豪绅和立宪派就在革命党人和张鸣岐、李准之间斡旋"和平独立"。10月26日、30日,在籍翰林、清乡督办江孔殷和咨议局议长丘逢甲等人在广州多次召集上层人士集会,倡议"承认共和政体"。"由九善堂、七十二行商人,举代表领衔将本日表决公意,用正式公文呈知督院",并派代表赴港,"与共和政府机关部直接宣达

---

① 佟直臣:《辛亥年广东满汉和平政变政体经过纪略》,《广州满族文史资料选辑》第一辑(广州满族联谊会内部资料),1963年辑录,第36页。
② "武汉首义,十数行省先后独立。"(孙中山:《临时大总统宣言书》,载《孙中山全集》第二卷,第2页)
③ 佟直臣:《辛亥年广东满汉和平政变政体经过纪略》,《广州满族文史资料选辑》第一辑(广州满族联谊会内部资料),1963年辑录,第37页。

意见"。① 最后，获得张鸣岐和在广州的部分革命党人的同意，决定由咨政局召开会议商决独立事宜。在 8 日举行的有张鸣岐和满汉八旗代表参加的会议上，作出了即时"宣布独立"的决定。第二天，广东就正式宣告独立，推张鸣岐为都督，龙济光为副都督，以咨议局为议事机关。广州兵不血刃地光复了。② 对于八旗军队的安置，在"和平独立"决议中声明"清军巡防营仍旧服务"③。

中华民国成立后，广州商民推举胡汉民为广东都督。胡汉民组建了军政府，将八旗新军（洋枪队）改编为警卫队，其余改为粤城军，每月发给饷银总计 73000 元。经过三个月，陈炯明、胡汉民等军政府要员召开秘密会议，准备解决粤城军，于是以检阅粤城军为名，下令全部人员到东较场集合，一律携带枪支前往，旗兵均依期携带枪弹到东较场集合。在检阅中，统帅一声令下，全体缴枪，不得违抗，于是每人按本人饷银计算各两个月发给生活补助，遣散为民，脱离军籍。④ 八旗兵营彻底解散，虽然八旗官兵的居住区域没有改变，但是实行军事化封闭管理的满城不复存在，他们从此摆脱了旗营的束缚，由"食钱粮"走上自食其力之路，从此逐渐融入广州平民百姓的民俗生活世界。但是，由于他们长期与广州当地社会隔绝，也缺乏谋生手段，因此，走出旗营后他们长期处于广州社会的边缘地带。

从 1912 年 4 月起，政府每月发给每个旗民八角钱，发了 16 个月

---

① 《广东军阀史大事记》，《广东文史资料》第四十三辑，广东人民出版社 1984 年版，第 2 页。
② 王天奖、刘望铃主编：《辛亥革命史》，人民出版社 1981 年版，第 139 页。
③ 大汉热心人：《广东独立记》，《广东辛亥革命史料》，广东人民出版社 1981 年版，第 132 页。
④ 杨绍权《〈清代广州驻防汉军旗的历史〉一文的补充》，《广州文史资料存稿选编》第七辑，中国文史出版社 2008 年版，第 5 页。

便告停止。1913年粤城军宣告解散,每个满兵只发给广东毫洋十元做安家费(当时广东毫洋一元四毫四分折合大洋一元),政府不再负责八旗官兵及其家属的生计。① 少数官员靠出租房产所得微薄收入度日,那些有文化的满族人进入海关和邮局谋生。粤海关设立于1685年,1859年在两广总督劳崇光的支持下又开办了粤海新关。1895年,经由总税务司和总理衙门的协商,批复了由海关办邮政的建议,邮政总局在海关组织的基础上和总税务司直接领导下建立起来。广州邮局于光绪三十年(1904)设立,称大清邮政。② 在海关工作的最多时有80余人。广州邮局里的满族人最多时达到60多人,大多数是邮差、听差、什差等下层职工,少数是职员,只有几人担任过县局长和办事处或营业所主任等基层领导职务。③

邮政工人虽有较优厚待遇,但是制度严格,要求高,工作艰苦,每天工作十一二小时,分发信件采取分区包干,信件派不完不能下班,如果派错一封信就在全局通报,严重者被开除。邮差每天背着装有数十斤重邮件的大布袋,无论天气如何,整天步行分送信件,大多数人都患有职业病,如弯背、小腿血管肿胀等。一个邮差的收入可以维持一家三四口人的基本生活。另外,邮局职工还享受劳保福利待遇,职工患病经诊断需要休息的,可不扣工资,公家支付医药费;每月有四个假期,春节、清明节也有假期;每年发给两套工作服、一双皮鞋、两对袜子。④

---

① 广州市越秀区满族志编写组:《越秀区满族志》,越秀区地方志办公室内部资料,1994年,第73页。
② 陈诗启:《中国近代海关史》,人民出版社2002年版,第3、59、319页。
③ 汪宗猷主编:《广东满族志》,广东人民出版社1994年版,第83页。
④ 佟顺、关伟文:《广州满族邮政工人的生活状况》,《广州满族文史资料选辑》第二辑,广州满族联谊会内部资料,1988年辑录,第54—57页。

尽管工作辛苦，缺乏晋升机会，但是因为待遇好、工作稳定，进入海关和邮局工作是满族民众最理想的工作机会。他们自认为之所以有部分人可以进入海关和邮局，是因为清末满族子弟有进入同文馆学习外语的特权，才得以考入海关和邮局。另外，广州的海关与邮局都是由清政府官方设置，由两广总督直接管理，两广总督对满族官员委以重任，满族官员又启用旗营中的满族子弟，形成了人员任用和联系的网络。辛亥革命后，虽然最高职务不再由满族人担任，但是由于满族职员熟悉业务且具备外语能力，广州海关和邮局聘用满族职员的传统保存下来。

绝大多数满族人既没有本钱也没有技术，只能做小商贩维持生活。"广州满族族胞过去居住在大市街（今惠福西路）、光塔街（今光塔路）较多，因政治上受歧视，经济文化也较落后，部分族胞经营小商小贩，在今惠福西路一带有经营零售米店、杂货店，也有卖水果、卖猪肉、卖鱼、小饮食业的小贩。"[1]满族妇女大部分在家里穿牙刷，以贴补家用。因为满族民众收入微薄，难以养活全家人口，穿牙刷技术比较容易掌握，在家中即可工作，因此满族妇女几乎都以穿牙刷来贴补家用。她们从牙刷加工厂领来切好的猪鬃毛，先要挑净杂色毛碎，用湿布包裹放置一段时间，等鬃毛软些才用弦线一针一眼地将齐好的鬃毛逐撮地拉入骨柄小孔中，多一条和少一条都不合乎规格；每穿好一只牙刷，就要查看鬃毛是否紧凑服帖，最后用剪刀剪齐。穿牙刷的工钱是一百支五角到一元钱。这么低的工钱老板还常常不按时发放，或者在收货时挑剔不已，要求返工。返工再穿时，工作更艰难，要用小钳子将每撮鬃毛拔出来，用湿布湿透焐热后重新穿入孔内。据满族妇女傅纫芳回忆："广州在日伪统治时期，我随父母亲

---

[1] 郎宝堂：《广州满族人经营米店的缘由》，《广州满族文史资料选辑》第二辑（广州满族联谊会内部资料），1988年辑录，第70页。

逃难到香港后,由族亲介绍往九龙梁新记牙刷厂穿牙刷,当时该厂生意好,招收三十多人入厂工作,住宿在该厂天台搭的临时房间,约有四十多平方,每天早上六点开工,直穿到深夜。我们母女两人要用十多个钟头时间,才穿好一百支牙刷,厂验收合格后,才发港币一元。全部工友均是满族妇女,多是先后逃港避难的,侥幸凭着有这门手艺,虽然工资微薄,仍能暂时维持生活。"① 其他行业的满族族胞生活也处于朝不保夕的状态。

反正后,受到民族歧视,不易找到工作,在这情况下,有些满族人便开始摆摊或肩挑水果叫卖以求谋生,经营水果是广州满族小商贩中人数最多的行业。不论是固定小贩或流动小贩,终日辛勤劳动,起早贪黑,日出而作,日落而归,但本少利微,加上物价波动,货币贬值,在大鱼吃小鱼、小鱼吃虾米的旧社会是得不到温饱的,大多数处于朝种树,晚锯板,朝不保夕,甚至有时还要到茶楼酒馆买些残羹剩饭来充饥,如遇上雨水天,不能开档没有入息,就要挨饿。正如他们有句俗话:连下三天雨,惨过饥荒大半年。如果患病,不能开档经营,就更惨了。②

二、中华人民共和国成立前的艰辛生活

1912年3月,袁世凯就任临时大总统,中华民国从此进入北洋

---

① 傅纫芳:《广州满族妇女穿牙刷史话》,《广州满族文史资料选辑》第一辑,广州满族联谊会内部资料,1963年辑录,第22—26页。
② 关美:《广州满族经营水果的情况》,同上书,第45页。

军阀统治时期。在这一时期，军阀割据，战争连绵不断，中国社会危机日趋加深。广东毗邻港澳，受外来影响较大，加之每个军阀割据统治的时间都不长，政局风云频繁变换，增加了岭南社会的不安定性。

这一时期广州满族不仅经济窘迫，他们的政治特权也完全消失，甚至受到严重的社会歧视。1913年遣散八旗兵士的时候，胡汉民即向陈炯明建议趁此机会将旗民聚而歼之，但是没有被陈采纳，理由是"杀之不武，姑留之以缓图"①，广州世居满族侥幸躲过灭顶之灾。社会上把清代八旗中部分纨绔子弟的生活作风当作全部满族的情况，一度流行把满族人称做"满洲佬""满洲婆""满洲仔"，这些带有歧视性的称呼反映了社会各界对满族民众的不良印象。为此，满族民众不得不隐藏甚至改变自己的民族身份和籍贯：

> 除少数仍用"吉林长白"或"奉天"外，大多是不敢用原来的籍贯了，多数认做广东南海县人（因为满汉八旗驻地属于南海县范围），也有认做番禺县人（因为外省人到广东多认做番禺县人）。还有一些是认做其他县份的，甚至一家人也认做不同的籍贯。如镶红旗汪家的籍贯是长房认做顺德，二房认做南海，三房则认做番禺，这是很平常的事情。②

应该说，造成这种社会歧视的根源在于当时社会民众对于资产阶

---

① 司徒瑞：《辛亥革命后广州满族人虎口余生记》，《广州满族文史资料选辑》第一辑，广州满族联谊会内部资料，1963年辑录，第30页。
② 汪宗猷：《广州满族简史》，广东人民出版社1990年版，第72页。

级革命思想的片面理解。由孙中山领导的资产阶级革命推翻了清王朝对中国两百多年的封建统治,其重要口号即"驱除鞑虏,恢复中华"。不过,在1924年1月于广州召开的国民党第一次全国代表大会上,孙中山指出:"国民党之民族主义,有两方面之意义:一则中国民族自求解放;二则中国境内各民族一律平等。"① 这表明,满族民众与其他民族受压迫和剥削的民众一样,并不是革命的对象,理应受到平等的社会待遇。

袁世凯统治时期的民族政策继承了孙中山的部分民族思想,以辛亥革命初期制定的一些临时性法规和南京临时政府公布的《中华民国临时约法》为依据,建立了一些管理边疆民族地区的机构,也制定和实施了一些相应的民族政策。但是,袁世凯政府所谓的承认少数民族的平等权利,实际上只是片面的平等,是少数民族上层的平等,而广大的少数民族人民并没有得到真正的平等权利,而且既受本民族上层的统治,又遭受地方封建军阀、官僚势力的压迫与剥削,各族人民仍然生活在没有任何自由、民主的专制社会里。这个时期的民族政策明显不平等且无全面、系统的政策,具有很大的局限性,没有从根本上解决中国的民族问题。

在清王朝两百余年的统治中,八旗兵丁已经被模塑成清政府统治汉族民众、保疆绥远的工具,广州城里多次革命党人的反清行动几乎都由八旗部队镇压平复,这不能不激起广州民众对旗营中满洲官兵及其家属的误解与敌视;而且在钱粮制度的庇荫下,的确出现过一些无所事事、为非作歹的八旗子弟。阶级矛盾与民族矛盾糅合在一起,几乎将满族民众的政治地位降到社会最底层。"我满族人民遭受歧视压迫,排斥剥削,不遗余力,大部分族人迫得将民族成分隐瞒,姓名改

---

① 孙中山:《中国国民党第一次全国代表大会宣言》,载《孙中山全集》第九卷,中华书局1986年版,第118页。

变,散诸四方,死于沟壑,亡于冻馁,因此人口大减。"① 满族同胞忍辱负重,挣扎在死亡的边缘。

袁世凯死后,北洋军阀统治集团内部矛盾日益激化,形成了军阀混战的局面,政坛动荡,政府很少顾及民族事务。广州世居满族持续处于无人问津、自生自灭的状态。

1931年"九·一八"事变爆发,日本占领东北全境。1937年卢沟桥事变爆发后,广州各界群众于7月17日举行广东各界民众御侮救亡大会,通电"百粤民众,誓以热血赴艰危",掀起抗日救亡运动的高潮。不少满族热血青年如万杰、关庆余、赵增耀、汪子强等,在惠福西路五仙观"青年群社"参加抗日宣传工作:

> 每当听到"九一八,九一八,从那个悲惨的时候,脱离了我的家乡,抛弃那无尽的宝藏,流浪,流浪","哪年,哪月,才能回到我那可爱的故乡,才能收回那无尽的宝藏",特别是那"爹娘啊,爹娘啊,什么时候才能欢聚一堂"的救亡歌声时,对沦陷关内的同胞,产生深厚的感情,引起了一种强烈怀念家乡之情,希望关外同胞能有一天"打回老家去"。②

抗战全面爆发后,大片边疆领土沦陷。8月31日广州开始遭到日军空袭,市区内的工厂、学校、医院、民房等均不断受到日本飞机轰炸,满族民众与广州人民一样处于恐慌之中。1938年10月,日军

---

① 佟直臣:《辛亥年广东满汉和平政变政体经过纪略》,《广州满族文史资料选辑》第一辑,广州满族联谊会内部资料,1963年辑录,第37页。
② 汪宗猷:《广州满族简史》,广东人民出版社1990年版,第84页。

在惠阳县登陆,继续向广州进犯。广东省及广州市政府决定转移,限令广州市民老弱者及公务员家眷于两日内疏散。这时较富有和有亲属的广州市民纷纷向香港、澳门及四乡疏散,但世世代代居于广州的满族民众无乡可归,少数随当地姻亲到南海、番禺、顺德等县居住;有些联合数家人到广州周边的乡村暂避;大部分满族民众只能留在即将沦陷的广州市,生活在极度恐怖之中。21日,广州沦陷。日军大肆奸淫掳掠、杀人放火,满族同胞也没能幸免于难。日本军队在市内各处派驻军队,设置关卡,在海珠中路口设有一个日军关卡,这里是满族民众聚居地,大家把这里称做阎王殿,被迫害致死的满族族胞不计其数。

　　日本侵略者经常借查户口的名义,深入住户抢劫。如汪玉麟的一块手表就是这样被抢走的。在街上见到日本人不行礼,轻则受到打骂,重则被开枪打死,如满族人张景延有一天在街上行走,无故被日本兵开枪打死。佟天棉有一天走到日本人门口,没有给他们行礼,不但受到毒打,而且还让他头顶砖头跪在街上。如果有一条街死了人,全街人不准外出,必须进行大扫除,美其名曰"洗街",实际上是折磨人。①

此时的广州生产衰落,物价飞涨,社会治安极其混乱。散居广州的满族人民与当地各族劳动人民一样,生活非常艰苦,失业现象严重,有工作的多以小贩为生,朝不保夕。当时货币大幅度贬值,特别

---

① 《民族问题五种丛书》辽宁省编辑委员会编:《满族社会历史调查》,辽宁人民出版社1985年版,第193—194页。

是粮食不足,很多满族人靠吃一种以少量米粮、多量水分、加入少量碱水蒸成糕状的"神仙饭"过活。有些长期无法维持生活的只能沿街乞讨,这样的满族人有十多家。①

《满族社会历史调查》记载:"当时很多人经常到日本人的马粪堆中,找一些没有被马消化的粮食,用以全家充饥。在此情况下,满族人民大批死亡。据七位满族老人回忆,他们亲属中全家被饿死的有吴继康一家七口,白崇斌一家五口,白崇濠一家四口,白鹤远一家三口,白然一家六口,文晨钦一家五口,吴继伟一家七口,唐永兴一家三口,唐永宽一家三口,唐永清一家四口,共十家男女老幼四十七口。"②抗战期间,广州满族民众的生活状况陷入最凄惨的状况,因战乱及病饿等直接、间接死亡的有六七百人之多,从而造成人口大量减少,据1952年12月统计,满族人口只有1641人了。

1945年8月,日本宣布无条件投降,抗日战争取得胜利。但是,广州通货恶性膨胀,物价飞涨,生活在广州的满族人民失业及半失业的有50%以上;有工作的多数做小商贩及手工业,本少利微,在物价一日数涨的情况下,经常连本带利也无法购回原有货物数量;即使过去比较富有的也经过多年战乱破产了,满族人民处于极度贫穷境况。

1912年1月1日,南京临时政府在成立当天就郑重宣告:"国家之本,在于人民。合汉、满、蒙、回、藏诸地为一国,即合汉、满、蒙、回、藏诸族为一人,是曰民族之统一。"③1946年12月5日国民

---

① 访谈对象:WZY,访谈地点:广州市满族历史文化研究会,访谈时间:2004年12月5日,访谈人:关溪莹。
② 《民族问题五种丛书》辽宁省编辑委员会编:《满族社会历史调查》,辽宁人民出版社1985年版,第194页。
③ 《临时大总统宣言书》,载《孙中山全集》第二卷,中华书局2006年版,第2页。

大会通过的《中华民国宪法》第五条规定:"中华民国各民族一律平等。"第七条规定:"中华民国人民,无分男女、宗教、种族、阶级、党派,在法律上一律平等。"国民政府虽然制定了一些法律以维护民族平等,规定各民族享有民主权利,但是并没有在现实生活中切实保障少数民族的平等权益,也没有给少数民族民众带来真正的利益。满族民众得不到与汉族人同等的权利,被歧视、被孤立的生活状态不仅没有改变,反而是受歧视最严重的时期,他们为了生存不得不进一步模仿周围汉族人的生活方式,更深地隐藏民族特点。在调查中,一位世居满族老人讲了一件趣事:

> 我1951年考华南竹业公司时候都不敢说自己是满族。考试我的组长问我:"你家哪里啊?以前的老中医傅星桓是你什么人啊?"我说他是我爷爷,我家住在朝天路。他就没再说什么。后来他专门到我家家访,他叫我妈妈表姨,原来他的妈妈与我的妈妈是表姐妹,我才知道组长是我的表哥,别人都不知道他是满族。1953年共产党让我们报自己是什么民族,满族报满族,回族报回族,我才到派出所把自己改成满族。周围的满族人这样做的很多。①

可见,这种隐瞒民族成分的生活持续了很长时间。

---

① 访谈对象:FRF,女,满族,1921年生。她从小生长在满族聚居的光塔街,1937年抗战爆发,随母亲逃到香港,靠穿牙刷生活;一年后回到广州,在沙湾农村做小学老师。50年学习会计,后经过考试回到广州,进入公司合营企业工作,一直到1976年退休,现主要靠退休金维持生活。访谈时间:2003年11月28日;访谈地点:广州市海珠区南石头星光老人之家;访谈人:关溪莹。

1952年12月,广州满族各旗临时联络员小组对解放初期广州满族的情况进行了逐户调查,在调查工作总结中记录了民国时期广州满族情况:

> 自辛亥革命后,我族即开始受到歧视与迫害。大小北郊满族先民的山坟被山匪盗掘,当时的政府置之不理;政府又将满族旗产全部作为公产,有部分满族人私有财产,恐被没收,多贱价出卖;满民为了避免歧视与迫害,不得不将本身的民族成分隐蔽起来,甚至连姓名也更改,造成父子、兄弟不同姓氏,并不足为奇。①
>
> 在国民党反动派统治下,我满族人的生活日趋困难,整个广州满族已是逐渐走向苦难的深渊,而国民党反动派变本加厉推行大汉族主义,不承认中国有其他的民族,更毒辣地在报刊发表我们已是完全同化的言论,来模糊我满族人的思想,使满族固有的特点不敢表露出来,这是造成今天的满族人存有严重自卑感的根源。②
>
> 在军阀割据时期与国民党反动政府执政时期对满族人民只有虐待和歧视,没有扶植,听其自生自灭。三四十年来,满族人民有如孤儿,处境十分悲惨。③

---

① 广州满族各旗临时联络员小组:《广州满族调查工作总结》,汪宗猷主编《广州满族研究资料汇集补遗》,广州市满族联谊会内部资料,1997年辑录,第43页。
② 同上书,第44页。
③ 司徒瑞:《驻防广州八旗官兵生活的忆述》,《广州满族文史资料选辑》第一辑,广州满族联谊会内部资料,1963年辑录,第34页。

三、新中国民族平等的新生活

1949年9月,中国人民政治协商会议通过了《中国人民政治协商会议共同纲领》,第九条规定:"中华人民共和国境内各民族,均有平等的权利和义务。"1952年,中央人民政府政务院发布《关于保障一切散居的少数民族成分享有民族平等权利的决定》,规定:"一切散居的少数民族成分的人民,均与当地汉族人民同样享有思想、言论、出版、集会、结社、通讯、人身、居住、迁徙、宗教信仰、游行示威的自由权,任何人不得加以歧视。……一切散杂居的少数民族成分,如遭受民族的歧视、压迫或侮辱,有向人民政府控告的权利。各级人民政府对此种控告须负责予以处理;对于歧视、压迫或侮辱行为严重者,应依法予以惩治。"

1952年11月,广东省民族事务委员会召开第一届民族工作会议,广州满族代表汪宗猷应邀出席会议并当选为主席团成员。在11月22日的预备会上,中央民族事务委员会负责同志接见满族代表,详细询问了满族同胞的政治、经济、文化教育等情况,着重了解了解放后的变化。满族代表在会上提出四点要求:(一)在广州市民政局设立一个科或组办理民族事务,并吸收满族干部参加工作;(二)请照顾广州满族国光小学经费,以吸收满族子弟;(三)请免去广州满族镶红旗及正黄旗祠堂契税;(四)请将海珠中路"妙吉祥室"(观音楼)交回满族群众管理。①1953年7月24日,广东省民族事务委员会以粤办族第642号公函转来批复意见,接受了满族人民的提议,他们第一次在政治上享受到平等权利。1954年,全国开展普选工作,广州市普选委员会为了尊重少数民族的平等地位,在越秀区设立两个满族独立选区,选出满族的第一届人民代表,使他们可以独立行使自己的政治权力。

---

① 汪宗猷编著:《广州满族简史》,广东人民出版社1990年版,第122—123页。

1952年广东省第一届民族工作会议召开后，满族族胞自发组织座谈会，由参加会议的代表传达会议精神，同时推选出各旗联络员共18人组成满族临时工作组。工作组随即对广州世居满族族胞的人口、居住地区、文化程度、职业、失学失业等问题进行了走访调查，掌握了新中国成立初期满族的基本情况，迈出族群重建的第一步。

有了共产党的民族政策，满族民众才敢于恢复自己的民族身份，广州满族的大致情况初步显现出来。据满族临时工作组1952年12月统计的数字显示，广州市居民前来登记的共有399户，1641人，其中产业工人40人，手工业者118人，教工28人，工人97人，店员33人，职员51人，干部10人，军人12人，工商业家14人，小商贩120人，另外成年劳动力失业的有181人，占成年劳动力人口的38%。文化程度方面，大学24人，高中64人，师范8人，会计中专14人，初中128人，高小133人，初小323人，私塾121人，幼儿园18人，文盲359人；六至八岁的满族儿童共229人，失学的113人，占此年龄段儿童的49.56%。[①] 经过多年战乱，广州满族的生活非常贫困，就业能力差，文化程度低，失学儿童多，族群重建的任务艰巨。

满族族胞经济条件的改善通过外界帮助和自救自助两条途径来完成。地方政府为提高满族民众生活水平做了大量有益的工作。广州市民政部门为八十多户满族居民发放了救济金，约占满族总户数的20%；他们在中苏友好大厦天台组织短期性甜品部，吸收二十多位满族失业群众参加工作，暂时解决他们的生活困难；广州市政府针对贫穷的满族小贩，由人民银行统一无息贷款予以帮助，名为"小货

[①] 汪宗猷主编：《广州满族研究资料汇集补遗》（广州市满族联谊会内部资料），1997年辑录，第45页。

贷款",数额最高的达 90 元,最低也有十多元,帮助他们扩大营业,增加收入;广州市民政、卫生部门还对满族困难户给予免费或减费医疗。①截至 1957 年 3 月,经有关部门介绍到各系统参加工作的满族族胞有七十余人,包括广东省医药公司、广东省汽车制配厂、广东省工商业联合会、广东省文史研究馆等。②

　　生产自救也是解决就业的途径。1955 年 7 月至 1957 年 1 月,在广州市相关部门支持下,满族民众办起满民文教用品生产供销组和满民五金制品社,解决了 45 名满族人及家属的工作;1958 年,又将满民五金制品社、满民文教用品生产供销组及越秀区回民电工组合并组成广州市民族综合工厂;到 60 年代初,该厂职工已发展到 107 人,其中满族职工 37 人,占全厂职工 35%。后来又将已停产的竹器生产点和满族灭蝇纸生产组合并,发展成广州市回族满族五金零件厂。据 1963 年的统计,广州满族职工户已经发展到 60% 以上。③到 60 年代中期,广州满族基本解决了就业问题。

　　1953 年 5 月中旬,在满族族胞的积极要求下,广州市民政局同意成立广州满族第一个群众组织——中国人民保卫世界和平反对美国侵略委员会广州满族抗美援朝支会。筹备工作组经过近半个月走访有关人士,广泛征求群众意见,拟定出委员及候补委员候选人名单。5 月 30 日晚上全体满族族胞在国光小学举行选举大会,这是满族人民第一次享受民主权利,各家各户满族成年人除老、病者外都到会投票,像庆祝节日一样兴高采烈。在民政局干部的监督下,当场选举出

---

① 汪宗猷主编:《广东满族史》,中国戏剧出版社 2006 年版,第 42 页。
② 访谈对象:WZY;访谈地点:广州市越秀区海珠中路 123 号广州满族历史文化研究会;访谈时间:2005 年重阳节;访谈人:关溪莹。
③ 广州市越秀区满族志编写组编印:《越秀区满族志》,越秀区地方志办公室内部资料,1994 年,第 75—76 页。

汪宗猷、李国、关经伟等15人组成领导班子。[①] 随后的四年中，广州满族抗美援朝支会多次组织满族族胞学习党和国家的方针政策，如1953年的粮食统购统销政策、1954年的全国普选工作等；排练优秀的民族节目参加各级民族汇演，如1957年10月组织族胞参加广东省第一届少数民族艺术观摩汇演，挖掘了沉睡几十年的满族民歌《灯盏子花》《太平年》《十二重楼》、民谣《卖糕谣》《月光光》《打帖歌》《跑白马》、满族音乐《走阵》、武术"耍大刀"等，为继续整理民族民间文化打下良好基础。[②]

广州满族抗美援朝支会推荐先进分子到全国各地观礼和学习；广东省民族事务委员会自1956年起，每年的五一国际劳动节及国庆节，均邀请满族代表人士参加广东省各民族参观团到首都观礼、到全国各地参观学习。这些活动扩大了满族族胞的眼界，也是广州满族政治地位提高的体现。

抗美援朝结束后，满族民众在位于越秀区海珠中路123号的"妙吉祥室"成立了广州市少数民族第二俱乐部，这里是大家每周学习与活动的场所，除了定期开放供族胞们阅读书报、娱乐、谈心外，还是举行会议和编写文史资料的场所。

广东省第一届民族工作会议确认满族国光小学为少数民族学校，广州市教育局每个月拨给少数民族教育事业费1000元，对生活困难的满族学生给予书簿、文具、服装及鞋袜等实物补助，以帮助失学的满族子弟。1956年7月30日，广州市人民政府教育局将广州市国光小学正式命名为"广州市满族小学"，保障满族适龄学童接受义务教育。

---

① 访谈对象：WZY；访谈地点：广州市越秀区海珠中路123号广州市满族历史文化研究会；访谈时间：2005年重阳节；访谈人：关溪莹。
② 汪宗猷主编：《满族工作五十年》（广州市满族联谊会内部资料），1999年辑录，第46页。

民国时期，大小北郊满族先民的山坟已经破败不堪。1955年10月，因国家建设需要征用狮带岗部分山岗，广州满族抗美援朝支会为配合政府做好迁坟工作成立了广州满族迁坟工作组，订出迁坟计划呈报广州市房地产管理局，申请将小北"杉窿"坐西南朝东北之山地一副（即长腰岭后面）作为坟场之用，并申请迁坟预算款2544.5元。11月11日，广州市人民政府房地产管理局函复批准。11月17日，广州满族迁坟工作组于中午12时依照迁坟编号次序，落葬先人骨殖325穴，并将之命名为"广州满族坟场"。在党的民族政策保障下，广州满族坟场顺利落成，逐渐成为满族族胞安息之所，也是他们祭奠先人的灵魂家园。

由于各级国家行政管理部门贯彻执行党的民族平等政策，广州世居满族切实感受到国家的支持和爱护。他们积极开展经济自助自救，自发成立民间组织，延续了民族教育，改进了民族墓园，初步开展了民族历史文化研究，开启了自我重建、自我管理进程。

中华人民共和国的成立给在社会底层艰难生存的广州世居满族带来生机。中国共产党的民族平等政策使满族族胞看到新的希望，短短几年间这个城市中的异质少数民族族群逐渐恢复了元气。

1956年毛泽东发表《论十大关系》，他指出："我们着重反对大汉族主义。地方民族主义也要反对，但是那一般不是重点。"① 但是随后出现"大跃进""大炼钢铁"的冒进风潮，刚刚构建起来的新的民族关系受到巨大冲击。

1957年10月15日中共中央在《关于在少数民族中进行整风和社会主义教育的指示》中指出，地方民族主义者实质上是资产阶级右派的一部分，是披着民族外衣的右派分子，要把批判地方民族主义列

---

① 毛泽东：《论十大关系》，载《毛泽东选集》第五卷，人民出版社1977年版，第277页。

为进行整风和社会主义教育的一项重要内容,要在少数民族中反对地方民族主义。这一指示精神很快在广州民族工作中得到贯彻,做为民族骨干的汪宗猷首先受到冲击。他回忆说:"我以广州市人民代表的名义,出席广州市政协组织的一个座谈会,会上我代表满族民众指名道姓地向广州市粮食局的一位股长提出对我族春节时配给的面粉不够恰当,是不够尊重我们的风俗习惯。仅仅如此我就受到冲击,受到降职、降薪、下放劳动的处分。"① 汪宗猷被划为右派,下放到广州河南园艺场劳动改造。负责人被免职下放,广州满族抗美援朝支会1958年4月解散。

1962年初,中共中央召开扩大工作会议后,4月21日至5月29日召开全国民族工作会议,提出今后五年的民族工作方针是调整民族关系,加强民族团结,调动各少数民族人民的积极性,集中力量恢复和发展生产,改善人民生活。各地随即着手纠正过去五年中的工作错误,一些右派分子被摘帽。汪宗猷在1962年初从河南园艺场上调到越秀区一间小学当了半年事务员,到9月份,经广州市民族事务委员会推荐,他与其他几位少数民族骨干到广州市政治学校脱产学习半年,改造思想,提高认识。1963年1月学习结束,他到越秀区惠新西街小学任教。1962年11月29日,广州市越秀区政协吸收汪宗猷为第四届委员会委员。1963年开始,广州市民族事务委员会与广州市越秀区教育局安排他每周一个工作日返回广州市少数民族第二俱乐部进行民族工作,并担任俱乐部负责人。

在这期间,满族社团也重新开始活动。"位于海珠中路原妙吉祥室(旧观音楼)的广州市少数民族第二俱乐部,是属于广州满族自己的活动场所,1960年春节在此举行欢庆新春活动,既庆祝民间节日,

---

① 汪宗猷:《民族与教育》,中国戏剧出版社2004年版,第146页。

亦向满族群众宣告俱乐部正式成立。"①1962年3月，为响应周恩来总理研究"三亲"（亲见、亲闻、亲身经历）资料的号召，在广州市民族事务委员会领导下，满族族胞以广州市少数民族第二俱乐部为基地，组成广州市满族文史资料编写组，聘汪宗猷为组长，佟直臣、关汉宗为副组长，每周活动一次。有的族胞亲自撰写文章，有的提供资料，有的参与调研，经常参加活动的有十余人。经过一年多的时间，编写组征集满族辛亥革命前后的文史资料稿件近100篇，约10万字，于1963年5月出版《广州满族文史资料选辑》第一辑，选入稿件37篇，4万多字。内容包括来粤源流、政治经济、文化教育、风俗习惯、满族史料片段等五部分。虽然只油印了50本，但这是广州满族近代研究的第一本资料选辑，很多资料是抢救性质的。

"文革"期间，民族工作一度中断。"1966年秋，广东省民委机关开展文化大革命，大鸣、大放、大字报、大辩论，出现乱揪斗等混乱现象；1967年，省民委机关、省民族研究所开展揪斗所谓叛徒、走资本主义道路当权派等，并卷入社会上的派性斗争，工作严重瘫痪；1968年夏，省民委机关、省民族研究所成立斗、批、改领导小组，全体干部职工被下放到乳源瑶族自治县桂头干校劳动。民族工作机构瘫痪。9月，广东民族学院委托给海南黎族苗族自治州革委会代管，大部分教职工下放到海南岛阿陀岭干校劳动。"②广东省的民族领导部门、民族研究单位和民族教育学校都陷入无序状态，广州的民族工作也戛然而止。满族民众的群众组织在这场浩劫中遭到严重损失。

---

① 汪宗猷主编：《满族工作五十年》（广州市满族联谊会内部资料），1999年版，第38页。
② 广东省地方史志编撰委员会：《广东省志·少数民族志》，广东人民出版社2000年版，第36页。

（一）满族群众组织的办公场所被取缔。观音楼在"文革"初期遭到查抄，贵重物品被陆续搬走，八旗官兵赴粤驻防时从北京带来的鎏金木雕观音像，连同一个玉石观音像一起被打烂了。以后整座楼房被工厂借用，全部办公用具及家私杂物、书籍、资料等丢失殆尽。

（二）满族小学更名为"越秀区民族小学"。满族教师被调走，满族领导被打倒；少数民族教育事业费全部被取消，学校性质改变了，对在校的满族学生及要求入学的满族子弟均无照顾，非对口居委的满族学生也无法入学，使当时学校里的满族学生锐减至5%。

（三）满族坟场无人管理，基本处于自生自灭状态。乱葬乱掘现象比较严重，葬入约20%左右非满族骨殖，坟场设施也不断毁坏。

（四）满族人家中的民族文物遭到查抄和毁坏。正红旗唐家收藏的有近百年历史的大刀和盔甲被迫扔掉；镶红旗佟家收藏的满文书籍、辛亥革命前后的满族资料和镶红旗旗谱全部散失；镶黄旗傅家藏有祖先留下的清朝官服也被迫自毁；镶红旗汪家祖先留下的一对瓷箭筒和一个乾隆年间的花瓶被当众捣烂。很多满族人家中的"祖宗袋"及"家谱"均不敢保存，自行焚毁，散失殆尽。

（五）满族宗祠被毁。满族小学校址原为满族镶红旗宗祠，在学校里安放特制的神龛以供奉该旗各姓先人的神位牌，用帘布与教室相隔，也全被造反派拆除、毁坏。

（六）广州世居满族的研究资料遗失。《广州满族文史资料选辑》第二辑已征集到五十多篇约5万字稿件，当时写稿的族胞多年事已高，他们提供了很多抢救性的民族资料，这些材料全部丢失。已出版的《广州满族文史资料选辑》第一辑20多册存本也全部丢失。

（七）民族企业受到严重影响。广州市民族电器厂和广州市回族满族五金零件厂是广州市为少数民族就业与福利而创办的工厂，属于集体所有性质，在"文革"中被分别划归广州市机电局和轻工局，对满族族胞就业的照顾政策也被取消。① 这种状态一直持续到打倒"四人帮"以后。

1978年10月9日,广东省委发出恢复广东省民族事务委员会的通知;11月17日,省委编制领导小组办公室通知恢复省民族事务委员会、省民族研究所。1981年秋,中山大学复办人类学系,分设民族学和考古学两个专业;12月,广东民族学院在新迁校址广州市石牌桂岗开学上课。② 地方政府民族管理部门和普通高校的民族研究机构恢复工作,为广州世居满族的复兴和发展带来曙光。

第二节　满族传统民俗的消逝、延续与变异

辛亥革命后,满族旗营解散,满族民众的生活世界由封闭转化为全方位地与广州当地社会交流互动,他们的社会组织由军事化管理转化为松散的自我管理,广州世居满族在经济、政治等各方面都进入一个新的发展阶段。在这个转换过程中,他们慢慢地接受广州汉族的习俗,一些传统的民俗事象,如尚武轻文的社会风尚,传统的祭祀、礼节、服饰等,则逐渐淡化甚至消失;一些旗营中的民俗事象获得延续,如满族宗祠、观音信仰、民间口承文学等;还有一些习俗虽然保存着满族特征,但是与旗营时期相比产生了较大变异,如不与外族通婚的禁忌逐渐淡化,姓氏和语言也发生了改变。此外,旗营解散后,观音楼与巧心茶楼成为满族民众自发聚集的场所。从辛亥革命到"文革"之前,广州满族民众生活中延续的习俗主要包括以下几项。

---

① 以上根据汪宗猷编著《广州满族简史》,广东人民出版社1990年版,第138—140页;汪宗猷主编:《满族工作50年》,广州满族联谊会内部资料,1999年,第51—53页的相关内容整理而成。

② 广东省地方史志编撰委员会:《广东省志少数民族志》,广东人民出版社2000年版,第38—39页。

一、宗祠的修建与繁盛

（一）满族传统的祖先崇拜习俗

满族民众的生活中没有宗祠概念。满族的祖先女真人崛起后，他们基本的血缘群体在不同时期以不同形式出现，大致经历了从氏族到家户联合体的宗族（家族）、再到直接面对国家行政组织的家户的发展过程。①进入封建社会之前，以八旗组织为核心的社会组织形式业已形成，即使与中原文化交融之后，满洲统治者仍然采用半军事化、半行政化的组织形式即"直接面对国家行政组织的家户"来建构满人社会，汉民族的血缘宗法体制并未在民间普及。"原来京旗旗人没有写'某省某县'籍贯的，因为他们都是军人，不是一般居民，他们的籍贯就是军籍，比如写'某旗某佐领下'这就是他们的籍。"②满族民俗传统中有自己独特的祖先崇拜的方式。

东北满族在家中供奉自己的祖先。他们的房门东开，屋内三面是炕，西炕不准住人，是供奉祖先的地方，"堂屋（或西屋）供有各种神灵的小型偶像或祖宗匣，设供献牲"③；也有的人家"祭祖时，把祖宗神位接到西炕（平日藏到棚顶），挂上观音、祖宗画像或家谱"等。④定都北京后，只有上层贵族仿效汉人修建宗祠，八旗兵营中没有出现宗祠。"满洲八旗人，除有爵有祠堂照《会典》规定祭祖外，一般军家新年在家中祭祖。"⑤

---

① 高丙中：《东北驻屯满族的血缘组织——从氏族到家族再到家户的演变》，《满族研究》1996年第1期，第17页。
② 金启孮：《京旗的满族》（续），《满族研究》1989年第2期，第69页。
③ 富伟主编：《辽宁少数民族婚丧风情》，辽宁人民出版社1994年版，第59页。
④ 杨旸主编：《中国的东北社会（14—17世纪）》，辽宁人民出版社1991年版，第312页。
⑤ 金受申：《老北京的生活》，北京出版社1989年版，第137—139页。

（二）岭南地域广修宗祠之风

宗祠是供奉先人牌位、拜祭祖先的场所，是汉族社会以血缘宗法制为核心的社会组织形式的表达方式之一。汉族的宗法礼俗在周代已经成形，《礼记·大传》云："人道，亲亲也。亲亲故尊祖，尊祖故敬宗，敬宗故收族。"随着土地所有权的分化和社会的演进（农工商业的发展、城乡对立、人口迁移等），封建宗法制经历了一系列变化，但是依据血缘关系聚族而居、御外自治和建立等级网络的实质没有改变。为了防备割据势力复辟，强化中央集权，北宋将家族制度与政治制度紧密结合，使之成为基层政权的辅助力量。因此，宋代的家族组织结构更加完备。自宋以来，家族制度在全国农村都很普遍。

家族组织形式在广东汉族中得到更为长久和普遍的保留。由于女真人和蒙古人的入侵，宋皇室和大批中原士民南迁到江、浙、闽地域，南宋末又迁往岭南。民众多是合家合族南迁，他们将完备的家族制度带入岭南，保障了自身的生存和发展。由于岭南文化的包容与保守，中原的一些习俗得以长期保留，家族制度在广东普遍盛行。近代家族制度有三个基本要素：首先，赖以生存的土地已不是分封的而是自置私有的，因此必须购置族田，这是收族的经济基础；其次，大修族谱，追宗溯源以强化族人的凝聚力；再次，修建宗祠，敬宗奉祖，彰显家族声势。建祠堂和置族田是宋代以降家族制度的重要标志。[①]广东祠堂之多、规模之大在全国久负盛名。"粤中世家望族大小宗祖祢，皆有祠。代为堂构，以壮丽相高。其曰大宗祠者，始祖之庙也。祀祠主鬯，必推宗子。同祖祢之养老尊贤，其费皆出于祠。贵者富者则又增益祠业，世世守之，此吾粤之古道也。"[②]

[①] 黄淑娉：《广东族群与区域文化研究》，广东高等教育出版社1999年版，第408页。
[②] 范端昂：《粤中见闻》"祖祠"条，广东高等教育出版社1988年版，第51页。

（三）广州世居满族的宗祠

虽然满族传统上没有宗祠，但是广州八旗兵营中设立了八间宗祠。这些宗祠的设置始于清嘉庆年间，至道光年间各旗就普遍建起宗祠，分别设立在各旗驻防地区内，每间宗祠旁边还设有和尚寺一间，雇和尚代为管理香火。旗营解散后的相当长时间里，宗祠依然繁盛。

> 镶红旗以"同庆堂"的名义，于 1948 年清明节前夕进行春祭，并于 1949 年春祭时，恢复分"胙肉"。在宗祠祭祖时，当众劏猪后，于翌日凭票到猪肉铺领取猪肉。在当时也算是一件大事情。春祭时，该旗男丁均聚集于宗祠，进行"祭祖"，实质上也是一次以旗为单位的聚会。在分胙肉上，还突破了过去只分男丁，不分女人的旧习惯，凡是镶红旗的男女人丁（包括外嫁的满族妇女，及娶入非满族的媳妇等），均在分配之列，胙肉虽少，但意义却很大，该旗子孙皆大欢喜。①

新中国成立后，仅剩下镶红、正红、正黄三间宗祠的房产。②据满族历史文化研究会工作人员关女士介绍，正红旗祠堂后来被用做满族小学的课室，60 年代初她在满族小学读书的时候，教室后面有一道幕帘，后面是宗祠所供奉的祖先牌位，每年清明节和重阳节前后都有正红旗族人来拜祭祖先。③"文革"时期，广州世居满族的宗祠不

---

① 汪宗猷编著：《广州满族简史》，广东人民出版社 1990 年版，第 101 页。
② 汪宗猷主编：《广东满族志》，广东人民出版社 1994 年版，第 136 页。
③ 访谈对象：GXJ，广州市满族历史文化研究会工作人员，1952 出生，自幼生长在广州满族聚居区，在满族联谊会工作多年。访谈时间：2016 年 7 月 17 日；访谈地点：广州市满族联谊会；访谈人：关溪莹。

复存在了。据笔者的访问排查，经过一个世纪这八家宗祠只有正红旗宗祠尚可找到遗址，位于越秀区光塔路 89 号的广州市满族小学，其他的满族宗祠都无迹可寻了。

（四）类宗祠：记忆与凝聚力

修建宗祠是广州八旗官兵受岭南地域"大兴宗祠"的民间社会风俗影响的结果。但是广州满族的社会组织形式与汉族有本质区别，其核心不是宗族而是八旗组织，因此满族的宗祠形式上虽然与汉族类似，但是具体做法上与汉族又不相同。

首先，汉族祠堂是一个姓氏设一间，而满族的宗祠是以旗为单位，一个旗联合设一间，包括旗内各个姓氏。其次，从灵牌的设置来看，汉族宗祠的祖先神祖牌位按辈分、长幼分列，上尊下卑、左长右幼。[①] 牌位上书写生辰八字、死亡年月日、承祀者名称等。[②] 满族宗祠"每间宗祠都有三进深，在第三进内设有神龛三座，中座放着各姓祖先的牌位，同一姓氏的落广祖设一个牌位，每个牌位以族谱形式，自上而下分别写上各代已故男丁的名字，但绝无写配偶名字，左右两座则分别安放绝嗣单人牌位"。[③] 灵牌上只有名而无姓，沿袭着满族"随名姓"的风俗。再次，从祭拜的形式来看，广州世居满族与当地汉族一样都行春秋两祭，但是当地汉族祭祀的主祭者必是大宗之子即长房嫡长子，八旗宗祠祭祀由旗中公选出的德高望重的人来主持。最后，在功能方面，广州汉族宗族祠堂除了供奉祖先和祭祖的功用外，也是族人集会议事的场所，还开办私塾或义塾，教育族内子弟，广州世居满族的宗祠仅是族人拜祭祖先的场所，没有汉族宗祠复合性的功能。

---

① 黄淑娉：《广东族群与区域文化研究》，广东高等教育出版社 1999 年版，第 414 页。
② 叶春生：《广府民俗》，广东人民出版社 2000 年版，第 177 页。
③ 汪宗猷主编：《广东满族简史》，广东人民出版社 1990 年版，第 162 页。

那么为什么在广州满族的生活中会出现宗祠呢？广州满族生活在汉族民众的包围之中，岭南民俗文化特有的包容力量使之自然而然地受到汉族宗族传统的影响，出现了以"旗"为单位的八个"宗祠"。需要注意的是，它不是真正意义上的"宗祠"。八旗子民派驻广州后，没有获得土地，他们是吃皇粮的军人，不参加农业生产，其社会组织形式依然是八旗组织。尽管多年后，满族民众在广州繁衍出家族体系，但是他们没有宗族渊源和历史，同样也不具备产生宗族的条件。因此，他们的宗祠只是一种"类宗祠"，没有发挥汉族宗祠的诸多复合功能，仅是以满族的特殊组织"旗"为单位而设置的祭拜祖先的场所。

八旗官员动用公款修筑宗祠是希望通过强化满洲官兵的祖先观念和族群意识，作为八旗军营中的军事、行政管理体系的一种有益补充，这一补充采取了"类宗族"的社会控制形式。但是八旗宗祠能够在旗营中存续并成为八旗民众民俗生活的组成部分，说明它确实发挥了一些有益的功能。可以说，宗祠的出现是满族民众在广州采取的一种特殊适应策略，一方面使自己自然而然地与当地的文化传统融合，另一方面继续强化了自身的社会控制体系。他们通过设立宗祠，将落广祖千里迢迢奔赴南疆、在异质文化中艰难生存的社会记忆一代代延续；通过定期或不定期的全旗祭拜，增强这个异质社会中的弱势群体的族群认同和凝聚力。

二、信仰的强化

（一）广州世居满族信仰的流变

信仰是一个民族的灵魂，是保存民族特征、延续民族意识的重要民俗事项。满族民众在离开东北之前一直以信奉萨满教为主。萨满教的祭礼，崇奉神祇、神谕、神器以及主祭人——萨满都是氏族内世袭的。他们尊崇的神祇可分为自然神、动植物神、英雄祖先神:自然神有日、月、星辰、光、水、雷、电、雹、雪、风、雨、石、山、河、海等自然物和自然现象,以火神为首神;动植物神有虎、豹、狼、水獭、蟒、蛇、鹰、雕、乌鸦、喜鹊等,以鹰神为首神;英雄祖先神有的是部落英雄,有的是氏族祖先。① 萨满教的核心是萨满巫术和萨满:

>   萨满教的祭祀把超自然对象当作遵从和服侍的目标,而萨满巫术却把这些对象当作为现实需要服务的中介力量,并相信人能掌握并以实践上的操作技巧控制这些超人间的力量,从而为现实的某个人或某个群体的利益服务。②

"萨满"是通古斯语,其涵义为"晓彻",即最能通达、知晓神的旨意,可以为人间沟通和联络神灵、祖灵、精灵、鬼灵诸界,以期借助超人的形式说明并解脱人间的痛苦和灾难。③ 萨满不仅为族人消灾治病、为人求生子女,还参与当时的重大典礼和各种祭祀活动。

满族入关后对本民族的宗教信仰采取双重策略进行改革。一是规范萨满教。经过努尔哈赤、皇太极直至康熙、乾隆诸帝王相继努力,在满族各姓氏原来的祭祀传统上,乾隆十二年制定了《钦定满洲祭神祭天典礼》。这是萨满教的第一部祭祀法典,虽然它是记载宫廷祭祀典礼的官方文献,但是对满族民间的萨满祭礼产生深刻影响,简化了祭祀程序,停止放大神,只祭祀家神,割断了诸姓氏与远古蒙昧祖先

---

① 王宏刚、富育光编著:《满族风俗志》,中央民族学院出版社1991年版,第145—148页。
② 孟慧英:《尘封的偶像——萨满教观念研究》,北京出版社2000年版,第68页。
③ 乌丙安:《神秘的萨满世界——中国原始文化根基》,上海三联书店1989年版,第201页。

的联系，确立了满族各姓趋于一致的家祭传统。二是引入汉族神祇。清初最受满族统治者推崇的汉族神是关公。关公是中国传统文化中忠义的典型人物，清统治者为使满族汉化步伐加快，提高民族的道德观念，培养忠义之士，以关羽为典型加以崇拜，于各地建关帝庙，悬挂"义高千古"的匾额。顺治九年册封关羽为"忠义神武关圣大帝"，清代历代最高统治者不断予以加封，以每年五月十三日为祭日，祭祀时行三跪九叩礼。

因此，在京津的八旗军营中，民间信仰呈现出比较复杂的状态。在北京旗人中最受敬重的还是老爷神和娘娘神。老爷神是由英勇善战、忠君信友的关羽大将军演化而来的神祇，对于崇尚武功、笃守信义的八旗子弟来说有着特殊的魅力。娘娘神是对一组女神的泛称，以其司职分为子孙娘娘、接生娘娘、眼光娘娘、痘疹娘娘。[1] 金启孮先生在《京旗的满族》中记载京旗满族信仰的神主要有四位：关帝、财神、灶王和茅姑姑。[2] 由于旗营的封闭性强，民俗生活的传承性远远大于变异性，因此可以大致推断出满族入京后的前一百余年，即1644—1756年间旗营中的民间信仰状况。

关公，满人称他为"关老爷"，"因为他是清朝的护国神，满族对他的尊崇远过于汉人"，"许多京旗满族人家中都有关老爷像，有的是画像，有的是铁制或铜制的像"，"每年五月十三和六月二十四是祭关老爷的日子，要给关老爷叩头"。[3]

---

[1] 刘小萌：《八旗子弟》，福建人民出版社1996年版，第153—154页。
[2] 金启孮：《京旗的满族》，《满族研究》1989年第1期。金启孮先生生于1918年，在北京满族旗营中长大，他通过记忆和访问，记述了大量北京满族旗营中的风俗习惯，包括风尚、姓氏、语言、口头文学、宗教信仰、民族关系等，著成《北京郊区的满族》和《京旗的满族》两文，连载于《满族研究》1985年创刊号和1988年第3期至1991年第1期。
[3] 金启孮：《京旗的满族》，《满族研究》1989年第1期，第57页。

有趣的是，有些京旗满族人认为财神实际上是狐狸或者狐仙，"每逢家中什物被搬移了地方，或某种什物遭到破坏，更多是听到某种奇怪的声音，便不许说，还要上供，乞求保护"。①将狐仙附会为财神，揭示了满族民众的狐信仰观念根深蒂固。在东北地区，狐、黄、灰、柳②是民间信仰中的重要崇拜对象，俗称"四大门"，是萨满教的原始自然崇拜与小农经济结合所产生的民间神祇。民众尊崇这些农事生产和日常生活中的常见生物，希望获得其庇护。尽管进京后他们的生活环境改变了，但是满族民众的狐仙信仰没有消失，转而被塑造成财神，依然没有卸下护佑苍生的职责。

　　灶王是汉族神，民间传说每年腊月二十三，灶王爷要上天向玉皇大帝报告一年的事情，因此腊月二十三要祭灶，三十晚上再接他回来。这些祭祀唐代就已经成型，不过到了清代，满族人的供品中多了"关东糖"，祭灶时将关东糖抹在炉边上，边抹边说："灶王爷上天，好话多说，不好话少说。"抹灶口是用糖粘住灶王爷的嘴，让他见玉皇大帝时嘴张不开，自然不会打小报告了。

　　京旗中还供奉茅姑姑，这是住在厕所（北京俗语称厕所为茅房）中的一个女神，可以保佑小姑娘心灵手巧。北京的旗人女子开始学做针线的时候，都要先做一双小鞋，送到厕所中去。关于茅姑姑的来由，金启孮先生认为她是西伯利亚通古斯族中"厕大姑"的变种，前者是一个身形粗大而畸形的少女，住在厕所中专害家畜，但是旗营中家畜很少，这位厕大姑的职能便转化成专管小姑娘做针线了。

　　京旗满族民众信仰的特点可以用满汉神祇杂糅共处、功能共享来概括。虽然身处汉族地区，上层文化也极力推崇某些汉族神祇，古老的、具有显著民族性和地域性的民间信仰并没有立即消失，而是改头

---

① 金启孮：《京旗的满族》，《满族研究》1989年第1期，第57页。
② 狐、黄、灰、柳分别指狐狸、黄鼠狼、老鼠和蛇。

换面，重新做"神"，神异作祟的狐仙成了财神，专管家畜的茅姑姑也专司针线了。京旗满族民间信仰的另一个特点是信众与神祇的交流互动明显强于汉族的民间信仰。为了防止灶王爷上天庭告状，信众用关东糖粘住他的嘴巴，还不放心地叮嘱："灶王爷上天，好话多说，不好话少说。"把"上天言好事，下界保平安"的颂扬变成用实际行动来告诫；京旗的小姑娘给茅姑姑送自己做的第一双小鞋的时候，也要说："茅姑姑教我巧，我给茅姑姑做到了；茅姑姑教我拙，我给茅姑姑拆了窝。"① 满洲先人一直地处边域，受汉文明的浸染较浅，思想上没有礼教的重负，对神祇的尊崇中夹带了些许戏谑成分；而且满族是个非常善于学习和创造的民族，他们会想方设法激发神祇的"工作热情"，而不是仅仅被动地等待和承受。

广州满人没有全部沿袭京城旗营中的信仰，他们的信仰与东北先人和京旗满族有很大不同，既难以看到萨满教的遗存（仅在祭祀时有点影踪），也不能用满汉神祇杂糅的多重崇拜来概括。他们自己的概括是：广州满人虽无特定和统一的宗教信仰，但一般多是信神和信佛的，特别是崇拜观音菩萨。通过笔者调查得知，满族人对广州本土的神祇都很尊重，但是他们对观音的信仰远比当地汉人虔诚，观音信仰的强化从旗营时期开始，一直延续至今。

（二）广州世居满族的观音信仰

位于越秀区海珠中路与惠福西路交界处的观音楼，在旗营时期一直是满族的香火庙，供奉从北京带来的木雕观音像，农历二月十九和十一月十九观音诞，这里香火极盛，有僧侣坐坛讲经，唱观音出世。1950年代以前，广州世居满族民众经常到观音楼祭拜观音。现在观音楼不再是香火庙，变成了广州市满族历史文化研究会驻会场所。妙

---

① 金启孮:《京旗的满族》,《满族研究》1989年第1期，第58页。

吉祥室（观音楼别名）的正厅墙上悬挂着观音像，下面供奉着一座木质观音坐像，周围摆满了满研会获得的各种奖状和奖杯。满研会的老人们一再向我强调他们对观音的崇敬，信仰观音成为广州世居满族的精神纽带之一。

当前广州的满族族胞信奉观音没有集体祭拜的仪式，香火庙也不复存在，但是他们对观音的崇拜并没有减弱。在满族民众家中都供有观音像，佛龛一般是三层：上层是观音，中间是祖先，下层是土地神。观音是居于满族民众的祖先神和广州当地神祇之上的最高神，可见他们对观音的敬仰之情。他们认为"菩萨吃素的"，所以"供水果、素菜、清香一炷"。"节日时上香，有节令也拜，儿女回来先给观音和祖宗上香"。满族民众供奉观音的功利色彩很淡薄，"求大小平安，平安值千金，一团和气，都有团结的意思；我们常说心到神知，劝人不做坏事，正直做人"。没有集体祭拜仪式，他们就到附近的寺庙里和当地汉族民众一同祭拜观音。"农历二月十九和十一月十九观音诞，我们都到六榕寺听讲经，和其他人一起拜"。[①]

（三）广州世居满族观音信仰解析

在史料中，笔者没有找到乾隆帝赐驻粤八旗兵观音像的记载，但是广州的满族老人都肯定地说观音是落广祖从北京带来的南无大慈大悲救苦救难的观自在菩萨，他们说："信观音因为观音一路保佑我们，她受得住艰苦，牺牲自己救别人，为大家受苦难。"[②] 可见，广州满族民众视观音为保护神。

---

① 访谈对象：GXX；访问时间：2002 年 12 月 19 日；访问地点：广州市满族历史文化研究会；访问人：关溪莹。
② 访谈对象：GJW 夫妇；70 岁左右；广州世居满族的后代，世代居于越秀区满族聚居地；访谈时间：2002 年 11 月 25 日；访谈地点：广州市越秀区龙津东路访谈对象家；访谈人：关溪莹。

满人崇拜观音从明代建州、海西女真南迁时已经显露痕迹。他们定居辽东后，与汉族民众直接接触，受到先进的农业文化影响，汉族民间的神祇——如来佛祖、观世音菩萨、关帝随之进入女真人的信仰世界。满族挥师中原的时候，尤其需要一位极具感召力的人格神取代萨满教中那些脱胎于鹰、犬、虎、豹的原始战神，来充实民族精神和斗志，因此他们尊英勇善战且忠诚的关羽为护国神，崇拜之虔诚甚至胜于汉人。

据老辈人回忆，当初落广祖来粤时"挈妻子、背父母，离乡井、别契友，名虽生离，实同死别，由陆路集体来粤，逾山越岭，长途步履跋涉，备尝艰辛，中途死亡，为数不鲜，统治者以少数之粮饷，驱使八旗人员，服役南溟，类同充边。倘有不服从调遣者，治以抗旨之罪，施以极刑"。① 在艰苦的环境中，他们认为观音菩萨在一路保佑，观音信仰自然也就成为支撑他们抵达目的地的精神支柱；随后的二百余年中，他们在陌生的环境中安家落户，命运几经沉浮，信仰观音支撑着他们受得住艰苦，牺牲自己救别人，团结一致，互相帮助，一次又一次渡过难关。在他们心目中，观音是保佑他们的皇权的力量化身，是他们的保护神。我们无法考证驻粤八旗兵营中的观音像究竟是不是御赐之物，笔者倾向于观音信仰是广州世居满族民众自主选择、自发强化的一种宗教信仰，这成为他们彰显皇族血统、获得精神慰藉的有力手段，是他们构筑族群历史的重要部分。满族民众为什么选择观音作为驻粤官兵的守护神？观音如何完成她的神圣使命呢？

首先，观音信仰契合了女真人原始信仰中的女性崇拜心理。相对于汉族来讲，萨满教崇奉的英雄神祇中有一个庞大的女神系统：

---

① 佟直臣：《广州满族来粤源流考》，《广州满族文史资料选辑》第一辑，1963年辑录，第26页。

这里有用太阳河水洒身，身穿九彩鸟羽战裙，打败了恶神耶路里，永远不死和不可战胜的天穹主神阿布卡赫赫（天母）；有伟大的地母巴那吉额母（地母），她身上搓落的碎泥软毛，化作了树海山岩，滴出的汗水，化作了淙淙清泉；有女萨满形象的开辟英雄神，如珲春瓜尔加神谕中的赫赫瞞尼，生了男女和宇宙生灵……另外，还有能斗邪救难，上天入地，起死回生的萨满女神，如著名的音姜萨满（即尼山萨满）；有骑双乘神骥，夜驰八百，昼行千里的女战神奥都妈妈；有制服东海凶雕的伏雕女神多龙格格；有降服火神，寻找水源，后被热流烧死的温泉女神。此外，还有众多的创世英雄女神，如畜牧女神、缝织女神、歌舞女神、百花女神、渍菜女神等。众女神犹如灿烂的星系，位于古代满族萨满教天穹世界的中心。①

这一现象与女真人起源较晚、脱离母系社会时间比较晚近有关。由于此种心理基础的存在，观音信仰很快深入驻粤满族民众的心中。

其次，观音信仰在汉族民众中传承已久，为与汉族交往日益频繁的满族民众信仰观音奠定良好的基础。观音源于印度，是大乘佛教信奉的菩萨之一，东汉随佛教传入中国，唐代基本定型并逐渐类型化，有千手观音、鱼篮观音、送子观音等。在汉族民众的信仰世界中，观音具有完善的神格和信仰体系，在民俗生活中有吃素礼观音、许愿还愿、颂观音经、放生、求子等多项由观音崇拜衍生的民俗事象。邢莉将观音的护佑功能概括为以下几点：救助一切痛苦困厄之人；急人所急，难人所难，随时解救人的一切困厄；抢险救厄不为己、不为利、

---

① 王宏刚、富育光编著：《满族风俗志》，中央民族学院出版社1991年版，第148—149页。

不图报。① 对于背井离乡的驻粤满族民众来讲，他们最需要的正是这种无所不在、不求回报的帮助与护佑。

再次，观音的神格特征契合了满族民众的崇拜心理和现实需要。观音菩萨在满族民众心中是一位无所不能的保护神，生财、送子、护航、佑生，无所不能。驻粤满族民众最大的乞求就是"求大小平安，平安值千金"，观音菩萨为他们排忧解难，赋予他们内心的安宁。观音不像众多佛陀那样居于遥远的天国，更像沟通天界与凡间的使者，为了救济苍生来往于天上人间。萨满可以和诸多神灵交往，转达人的愿望，传达神的意志，进而解救人于危难之中。女真民众对能够沟通人神、保佑苍生的萨满的尊崇和信赖是显而易见的。入关逾百年的八旗官兵逐渐脱离原始萨满宗教的精神控制，但是他们的信仰世界难以完全容纳汉文化营造了几千年的庞大神祇系统，他们在潜意识中更信赖的是与萨满相似，可以沟通人神两界、高度世俗化的神祇，而不是高高在上，遥不可及的众仙家。无疑，观音菩萨是非常合适的"神选"。

观音信仰是中国民众生活中比较普遍的一种信仰，广州当地汉族民众同样有比较虔诚的观音崇拜，满族民众家中供奉观音、祖先牌位和土地公的样式与当地汉族家庭是一致的。问题的关键在于在满族民众移民广州后的两百余年间，观音信仰获得空前凸显，其信仰内核也与当地汉族截然不同，附会了满族独特的民族特征和移民经历。广州世居满族民众将观音塑造成本族群的保护神，清政府统治时期，由于拥有御赐观音，他们自然而然地向社会彰显了自身与皇权的联系，巩固了"正统"地位；辛亥革命后，观音信仰成为他们在风雨飘摇的时代变更和备受歧视的异质社会中艰难生存的精神

---

① 邢莉：《观音信仰》，学苑出版社1994年版，第15—17页。

支柱；直至今日，他们的观音信仰仍然具有旺盛生命力，"信观音"是他们强化自身族群认同的无形纽带。在满族民众移居广州的260多年里，观音信仰是他们在广州构建的新的民俗生活世界的重要组成部分。

三、民间口承文学的存续

从建州女真时期开始，满族的崛起和入主中原充盈着传奇色彩，伴随这一过程，满族民众创作和传承了大量瑰丽的神话和美丽的故事、歌谣。1981年，春风文艺出版社出版了第一部满族民间故事集《满族民间故事选》（第一集、第二集），其后又有大量故事集问世，如《满族民间故事选》（乌丙安等编）、《满族三老人故事集》（张其卓、董明整理）、《满族神话故事》（傅英仁整理）、《满族古神话》（乌拉熙春编）、《七彩神火》（富育光收集）、《尼山萨满传》（赵展译）、《清太祖传说》（金洪汉编）、《康熙的传说》（王宏刚等编）、《乾隆的传说》（薛理等编）、《曹雪芹的传说》（张嘉鼎收集）、《满族民歌集》（博大公等编）等。[①] 这些口承文学中有反映原始部落时期围猎场面和野蛮的征战及原始宗教、淳厚的先民民风为主要内容的古老传说，有阿骨打、努尔哈赤等为主人公的创业传说，有展示满族先民在特定自然环境中生产、生活场景的生活故事，也有人参、柞蚕、棕熊、东北虎、大马哈鱼、靰拉草等组成的反映满族故乡特有物产的动植物故事及由此派生出来的风俗传说。这些口承民间文学作品流布在山间、田里、村庄中、军营里，是维系民族意识和共同心理素质的文化因子。随着八旗部队驻防全国各地，这些故事也流布到全国各地的八旗军营中。在广州世居满族中流传的故事

---

① 赵志忠：《十年来我国满学研究发展综述》，《满族研究》1994年第3期。

有《祖宗袋的故事》《包饽饽的传说》《大天仓的来历》《腊八粥的来源》《牛仔树》《熊人婆》等六则；歌谣有《月光光》《太平年》《跑白马》《钉三星》《方四姐》《打帖歌》《花生生》《麻雀仔》等。[①] 不仅故事的数量少了很多，故事形态与满族传统故事也有了相当大的变异。围猎、征战、萨满教、东北物产、帝王伟业不再是故事主题，民众关注的是对世俗生活的描画。但是通过对这些故事的母题分析，可以从故事素中解读出广州世居满族对民族历史的重构，对民族特征特质的保留。

（一）故事中的历史记忆

八旗官兵驻防广州150余年，如果以20年为一代计算，辛亥革命前已经延续了七八代。这些移民的后人对祖先如何来到南方，或者再早一些，如何以弱小之势征服中原的了解越来越模糊，更不用讲民族的起源和发展壮大。对于祖先历史的记忆与传承，汉民族的宗法社会采取礼教来强化，许多少数民族有长篇的叙事史诗，在诞生礼、婚礼、葬礼等特定场合演唱，以达到宣讲的目的。几百年间迅速崛起和汉化的满族，已经脱离了后进民族的原始性，但是他们并没有形成类汉族的礼教体系，因此，对民族历史的记忆与宣讲更多地蕴含在民间故事中。《祖宗袋的故事》讲述满族先人的迁移过程："满族人原居住在东北黑龙江，后迁移长白山一带，故有'白山黑水'之称"，"后来离开东北老家到关内"。[②]

[①] 这些作品系汪文鹰、郎珍、余秀珍等人于1957年和80年代初收集整理，据笔者了解都是从当时的满族老人口中收集到的，是当年流行于旗营的作品，但是具体姓名没有记录。当笔者再去访问收集时，这些故事已经很少在满族民众中流传，即使有也是残缺不全了。2013年在一位满族老族胞家中，他颇有兴致地唱起《太平年》歌谣，但是只记得起几句。

[②] 汪文鹰收集：《祖宗袋的故事》，载汪宗猷编著：《广州满族简史》，第190页。

关于满族发源地特殊的生存环境,《包饽饽的传说》里讲:"很久很久以前在东北老家时,挨近长白山麓的一个村庄,时常有老虎出没","广州满人的祖先(称为'落广祖')在东北老家时,曾经遇到了坏人的欺压。"①

宋金时建州女真仅是松花江下游和黑龙江地区的弱小部落,后来在南迁的过程中也与女真人的其他部落、其他民族和辽东汉族纠纷不断,直到16世纪末努尔哈赤起兵统一女真各部,建州女真才逐渐确立统治地位。《包饽饽的传说》提到:

> 满族领袖努尔哈赤称王(罕王)第一次打了胜仗回来,在他老家的京城(指新宾的赫图阿拉)庆功,亦包饽饽赏给下属,意思是祝贺团结胜利。到后来,凡打胜仗,都包饽饽来庆功,因为打胜仗是喜事,从而逐渐扩展到凡有喜庆以至节日都包饽饽。②

满族起源、发展的历史线索逐渐凸显出来。此外,广州满族中的民间故事也真实记录了满营中的生活,并以一种历史记忆的方式保留下来,如在《腊八粥的来历》中说:

> 这腊八粥的起因,亦是很有趣的,也反映了过去满族人的生活状况。原先满族人到广州后,都是食粮当差的。初时,清政府对这一批当兵的满族人生活待遇还算好,是有屋

---

① 汪文鹰收集:《祖宗袋的故事》,载汪宗猷编著:《广州满族简史》,第191页。
② 汪文鹰收集:《腊八粥的来历》,同上书,第192页。

住,有饭食,生活颇为温饱。及后,因人口增加,物价上涨,而清政府又陷于内忧外患,本身已是自顾不暇,对这批旗兵的粮饷是绝无增加,因而生活一日差过一日,尤其是遇到过年过节,更是难以应付。①

(二)故事中的信仰观念

在口头文学创作中,民众展示了丰富而奇妙的精神世界,信仰是其中重要的部分。满族民间文学反映了满族人民的原始信仰观念,包括大自然崇拜、图腾崇拜、祖先崇拜、灵物崇拜等。在广州满族为数不多的故事作品中同样蕴含着原始信仰的灵光。满族先民非常重视祖先崇拜,他们把那些生前为氏族和部落立下功勋的人视为氏族、部落的英雄加以敬仰、崇拜,有时这些英雄还被尊为氏族和部落的保护神。《祖宗袋的故事》中有一位好心的"阿妮妈",她帮助满族人民制服了坏人,解救了受欺压的满族群众。

> 这位"阿妮妈"是住在长白山的,虽是一个妇女,但做事公平,聪明能干,并有很好的武艺,而且为人心地善良,肯帮助人,对劳动人民很为爱护,满族当她为有道德的"活菩萨",故尊称她为"佛德妈妈",表示尊重之意。②

"佛德妈妈"在东北叫做"佛托妈妈",佛托是满语,意为萨满求神降福之柳枝。③满族长期生活在河岸和山沟洼地,那里长满粗大而茂盛的柳树,其生命力极强,满族将渴望子孙繁荣的愿望寄托于

---

① 汪文鹰收集:《腊八粥的来历》,载汪宗猷编著:《广州满族简史》,第192页。
② 汪文鹰收集:《祖宗袋的故事》,同上书,第190页。
③ 孙文良主编:《满族大词典》,辽宁大学出版社1990年版,第337页。

柳树，故将柳树的化身——佛托妈妈视为自己的始母神。在这则故事中，阿妮妈被满族人民尊为"佛托妈妈"，是保佑族群繁荣平安的始母神。满族祖先崇拜中有大量对女祖先的崇拜，这与满族经历母系社会阶段比较晚近有密切关系。

由于满族先民崇信"万物有灵"，常视与生活密切相关的物品为灵物，加以崇拜。东北多桦树，满族先民取其皮做成各种器具，在宁古塔一带流传大量的有关桦皮器具的故事，像《桦皮锅》《桦皮篓》《桦皮威虎》等都是颇具特色的灵物故事，百姓希望通过顶礼膜拜获得庇佑。[①]《大天仓的来历》叙述说，"在每年农历正月二十五日，广州满族人就有拜米缸的习惯"，他们拜的是"仓廪神"，即主管粮仓的神灵，至于为什么满族人会拜米缸，讲起来有一段神奇的故事：

> 据说从前在老家长白山有个管理粮仓的官，名字叫做"仓廪"，他不止为人忠诚老实，做事负责任，爱护老百姓，而且还很懂得种植农作物，还常常教群众种好庄稼。"仓廪"后来成了"神"，仍管粮食。从此风调雨顺，连年丰收，粮食贮满仓，使满族人个个不忧粮、不忧米，满族人甚为崇拜他、尊敬他，把他当成"仓廪神"安奉在粮仓里，将每年正月二十五日仓廪的生日称为仓官神诞，祈求年年五谷丰登。因为广州满族人没有种田，只是靠当差食粮，故无法在粮仓里安上仓廪神，但是对仓廪神非常感恩。来粤之初，不少满族人只好将家里的米缸暂作为粮仓来拜祭，后来在满族中有一位有威望的老者，半开玩笑半自豪地讲：我们这个"粮仓"比天还大，大家觉得又有意思又有道理，于是一唱百

---

① 汪丽珍：《满族民间文学中的信仰观念》，《满族研究》1990年第2期。

和,就将米缸做粮食来拜祷,并名之为"大天仓",俗称为"米缸诞"。于是,每年正月二十五日,家家户户都用面粉加入生油、五香粉、盐水搓成面饼式,再在油锅炸成的"烙饼",用大米饭搓烂加入适量盐水和面粉制成的"饭卷",和一些炖猪肉拜米缸,既祝愿国家粮食丰收,也祝愿家里米缸常满。①

对仓廪神的来历,满族民众附会了一段世俗化的传说,实质这是满族先民灵物崇拜的遗存。在当今东北地区的满族人中仍然存在"仓廪信仰","正月二十五大天仓节,盛一碗黄米饭放在粮仓里,祈祷五谷丰登"。②

(三)故事中的生活习俗

在短短的半个多世纪里,满族迅速崛起建立政权,分布在全国各地。这使得全国各地域的满族民间故事具有鲜明的区域性,无论在内容、风格上,还是作品表现出来的民族气质、心理结构、民俗风情及审美情趣上都有很大差异。例如东北满族民间故事描绘的是清前史时期满族先民的社会生活,充溢着古朴、粗犷、憨厚、醇馨的风格;而清帝王的避暑胜地承德地区的满族民间故事反映的则是清代满族尤其是上层社会的社会生活,以康乾二帝的传说为代表,由于经受汉化时间较长而且区域的封闭性较强,其整体风格的民族性相对淡薄,体现

---

① 汪文鹰收集:《大天仓的来历》,载汪宗猷编著:《广州满族简史》,第193页。
② 访谈对象:XYA,65岁,本溪市南芬区思山岭(满族)乡石湖沟村人,曾经担任过乡经营管理站站长,副乡长,最后在南芬区林业局退休,80年代曾经参与过三套集成的收集整理工作。他祖籍山东,祖先110余年前从山东移民到东北,从祖父一辈开始定居在石湖沟村,入了旗籍,他的外祖母是纯满族人;访谈时间:2009年1月21日;访谈地点:本溪市南芬区思山岭(满族)乡石湖沟村被访谈人家中;访谈人:关溪莹。

出一种非汉非满的鲜明地方特色。① 在广州满族中传承的口头文学作品更关注的是下层民众的世俗生活，记述了大量生活习俗。如除夕时向长辈辞岁，拜"祖宗袋"：

> 过去在广州满族的家庭里，大厅中的西边墙上挂着一个布袋，布袋是用黄色或红色布做的，大概有一排钱长，宽有八寸左右，满族人称之为"祖宗袋"。到了每年除夕即年三十晚的时候，满族人用一种特别的礼节，就是向长辈辞岁，因为他们对老人家是特别敬重的，在除夕晚吃完团圆饭后，全家人都要回家向长辈人辞岁，祝长辈们健康长寿。辞岁的形式是向长辈叩头，然后由长辈给卑辈一点压岁钱，俗称"利是"，这点与汉族相似。但在向长辈叩拜之前，首先要向"祖宗袋"叩拜。
>
> 装在（祖宗袋）里面的物品有衣服、弓箭模型、匙羹、筷子，还有谷粒、大麦等，这些都是广州满族落广祖离开家乡带来以作纪念的一些物品。满族子孙为了尊敬先人，不随便观看它们。据说将"祖宗袋"挂在西边墙上的原因是令"祖宗袋"朝着家乡，久而久之，在西边墙上挂着的"祖宗袋"及除夕时向"祖宗袋"叩拜，就成为广州满族的风俗习惯了。②

"祖宗袋"是东北满族"祖宗匣子"的变体，在满族的祖先祭祀中是祖先的象征。

---

① 朱彦华：《满族民间故事的区域性特征——承德与东北满族故事比较》，《满族研究》1992年第4期。
② 汪文鹰收集：《祖宗袋的故事》，汪宗猷编著：《广州满族简史》，第190页。

在春节或是喜庆的日子，广州世居满族有包饽饽庆祝的习俗：

"饽饽"在北方原是一种面制食品的总称，而在南方的广州满族人，却只把饺子称作饽饽。但是，广州满族人所包的饺子，与北方人所制作的有所不同，其形状是半月形的，制法亦有所区别。将煮熟的猪肉粒加入豆瓣酱，成为饽饽馅，在包饽饽时将切碎的黄牙白、菠菜和韭菜拌入搅匀。广州满族人包饽饽，是二百多年来坚持下来的传统习惯，在每年的春节，或是喜庆日子及亲人远行时都包饽饽，这种习惯从未有间断过。请客时，也包饽饽接待，还有在结婚的时候喜欢包子孙饽饽。子孙饽饽是在一只饽饽内，包着12只小饽饽。因为在旧社会，卫生极差，而大家希望子孙旺盛，所以在结婚时喜欢包子孙饽饽。据说包饽饽是一种团结胜利的象征，亦是祝远行早日胜利归来之意。①

每年正月二十五是"米缸诞"：

每年正月二十五日，家家户户都用一种以面粉加入生油、五香粉、盐水搓成面饼式，再在油锅炸成的"烙饼"，及用大米饭搓烂加入适量盐水和面粉制成的"饭卷"，和一些炖猪肉拜米缸，既祝愿国家粮食丰收，也祝愿家里米缸常满。这种做法，逐渐成为广州满族的风俗习惯。②

---

① 汪文鹰收集：《包饽饽的传说》，汪宗猷编著：《广州满族简史》，第191页。
② 汪文鹰收集：《大天仓的来历》，同上书，第193页。

还有的传说解释了烙饼、饭卷和腊八粥的来源。此外，民间歌谣《打帖歌》是满族儿童游戏时演唱的童谣，《钉三星》则是新婚时，由儿童为新房钉门帘，一边钉一边喊的吉祥话。

（四）广州世居满族的民间口承文学解析

广州满族的口承文学呈现出鲜明的世俗化特点，从中很难看出女真先人叱咤疆场、挥师中原的雄图大志，也找不到白山黑水间"棒打狍子瓢舀鱼，野鸡飞进饭锅里"的异域风情，却可以发现诸多汉族民间文学元素，如童谣《跑白马》是著名汉族民谣《看见她》的异文，其中包含了大量岭南风物与习俗，如"沙子地"，待客时"又买槟榔又沏茶""石榴树""紫荆花"等；《月光光》以岭南童谣中著名的喻体起兴，同样不是满族口承文学的传统题材。驻防广州的满族官兵躲开了战乱颠簸，受天灾人祸的影响也比较小，由于国家权力给予的一系列经济、政治、行政保障，他们的生活相对平稳安逸，而且生活区域比较固定狭小，民众的视野自然集中于反映和表现日常生活，因此口承文学的侧重点与东北满族和京津满族的口承文学都不同。

刘魁立将民间叙事分成叙事核心、文本和超文本。第一个层次是"叙事核心"，指的是那些人物、行为、事件、演述程式等，是那些在传承过程中最稳定的东西，包括整个情节的基本脉络与人物之间的关系网络，同时还包括一系列传统的表现手法等，这一部分是传承的核心。第二个层次是"文本层次"，将叙事核心囊括在它自身，所谓隐在听众和隐在演述人发挥影响而产生的那些成分，都会在这一层次里展现出来，它是讲述过程中的重要内容，而不是所谓传承的本质性的东西。最大、最外面的一层为"超文本层次"，真实的演述人和真实的受众都在这里。讲故事的整个过程，整个周围环境、氛围、场景、演述过程的全部空间和时间，都包容在这一层次里。[①] 其中叙事

---

① 刘魁立 2003 年 11 月 28 日在中山大学民俗研究中心进行学术报告的讲稿：《民间叙事机理谫论》。

核心是传承中最稳定的东西,可以理解为其生命力之所在。那么满族口承文学的叙事核心是什么呢?不同时代、不同地域,满族口承文学的形态有所变化,隐在听众和隐在演述人的关注点和影响呈现流动状态(文本层次);讲述故事时的表演场景、氛围、演述人与受众的情绪和反映更是不同(超文本层次),但是故事所记录和再现的民族历史记忆和民族情感是一脉相传的,也是满族口头作品得以长久流传的最本质原因,这是它的叙事核心。

在广州世居满族的口头创作题材中,我们可以体察到满族发展、壮大的艰难历程和他们的精神世界。他们用这种方式记忆民族的历史、延续先人的精神,即便远离故土,离家日久,他们的后人依然可以在祖辈讲述的故事和歌谣中一遍遍地认证血缘的归属,以强化族群意识,这也是广州满族在开放的异质环境中维持族群认同的有效方式之一。旗营解散后,满族口承文学依然存活在满族民众的民俗生活中,目前收集整理的作品是1950年代以后的版本,即便在现代生活中,也可以看到它们的踪迹。在每年的国庆、教师节、敬老节、春节团拜会等活动中,满族老大姐们经常身着民族服装演唱满族民谣《翻身小唱》和《太平年》等,受到满族族胞的热烈欢迎,可见民谣在增强民族认同方面的重要作用。

四、族际通婚与语言、姓氏的改变

由于旗营解散,广州世居满族完全沉浸于岭南的民俗文化传统中,获得广泛地与当地汉族民众接触的机会。这使他们的生活进入了不断变化的"非常态"。很多风俗习惯发生变异,如语言、姓氏、家族称谓等,除了日益频繁的物质生产与精神生活的交流,族际通婚是导致这些习俗变化的最重要因素。

旗营时期,广州世居满族的婚俗遵守着严格的禁忌。"从乾隆二十一年（1756）到宣统三年（1911）一百多年中，受到八旗制的限制，满族八旗子弟只准族内通婚。在几千人中，婚姻圈越来越小，血缘关系日益接近，'五服内'、'三服内'结婚亦复不少，家庭结构属于单纯由满族人组成。"[①]

满汉通婚在皇太极时期已是很普遍的社会现实，对大批归降清朝的汉人官吏，皇太极下令将不同等级的满族官宦女子嫁与他们为妻；在广大下层民众之间，原居辽东的汉人与满族人联姻的很多，皇太极多次派兵侵扰明朝腹地，俘获大量汉族女子，很多人成为八旗官兵的妻子。无论是官僚贵族和平民百姓，这些进入满族家庭的汉族民众，必然要学习和掌握满族人的习俗和礼法，成为满族共同体中的一员，为他们分担建功立业、生儿育女的重担。可见，这一时期清朝统治者对满汉通婚的宽容甚至积极的态度是自身不断发展完善的切实需要。

驻防各地的八旗官兵处于被汉民族包围的汪洋大海中，为加强对汉民的控制，需要维护民族血统上的单纯性，因此清政府对驻防官兵与其他民族通婚有严格的禁令。就驻粤满族来讲，随着旗营制度的松懈，满族人与外界通婚现象时有出现。辛亥革命后，禁止与外族通婚的限令彻底解除，满族民众可以与汉、回等其他民族通婚。新中国成立后，满族与其他民族的通婚更加普遍。1956年2月广州满族人口共509户，2348人，其中满族1989人，占总人数的84.71%，汉族359人，占15.29%。60年代中期，广州满族家庭中，夫妻都是满族的不到100户。[②]

家庭结构的改变给广州世居满族的民俗生活带来一系列的变化。

[①] 广州市越秀区满族志编写组编印：《越秀区满族志》，越秀区地方志办公室内部资料，第65页。

[②] 汪宗猷主编：《广东满族志》，广东人民出版社1994年版，第74页。

首先体现在语言方面。满洲族有自己的民族语言,入关之初,满洲子弟积极学习汉语,满汉兼通是当时旗人尤其是八旗贵族、官员的特点。① 驻粤八旗官兵经过京津百余年的生活,带着北京普通话来到广州,在 155 年的旗营生活中,他们一直使用这种语言。广州世居满族世代居于广州城的中心区域,这里是粤方言中心区。粤方言是移民岭南的汉族民众的方言与岭南原土著语言相融合的产物,后来的发展中又不断受到普通话、外来语的影响,既保留着较多古代汉语词汇,也依据古代汉语条件获得充分的发展变化,如广州话在中原汉语四个声调基础上发展出九个声调。这些复杂的因素造成粤方言与中原古汉语和现代普通话之间存在较多差异。② 广州世居满族在与周围汉族接触过程中不断地学习和接受粤方言。旗营解散后,他们必须与当地汉族居民交流交际、共同生活,开始使用粤方言。

在这个语言转换过程中,曾经存在一种中间态语言,被他们称为"满洲话"。它大约出现在辛亥革命前后,是一种夹杂普通话词汇和语调的"广州话",在世居满族中广泛流传。"我母亲那一辈人见面说满洲话,我们都说广州话了。满洲话是把白话和普通话和在一起讲的。'吃什么',白话是'食乜嘢',满洲话是'吃乜嘢';'这些是',白话是'呢的系',满洲话是'呢的是'。"③ 大爷、大妈等满族传统称谓也一直在广州满族中使用。满洲话成为广州世居满族的特征之一。

民国时期,广州满族民众极力掩饰民族特征,不敢讲满洲话,满

---

① 刘小萌:《八旗子弟》,福建人民出版社 1996 年版,第 132 页。
② 黄淑娉:《广东族群与区域文化研究》,广东高等教育出版社 1999 年版,第 77—88 页。
③ 访谈对象:FRF;访谈时间:2006 年 9 月 18 日;访谈地点:广州市越秀区惠福大酒店;访谈人:关溪莹。

洲话逐渐销声匿迹了。新中国成立后，满族民众获得平等待遇，但是他们已经融入当地汉族民众的生活世界，异族通婚使家庭结构发生巨大变化。落广祖使用的普通话和过渡时期的满洲话没有再出现在他们的生活中，他们的语言变成了粤方言。

与当地居民通婚导致满族人的姓氏也发生了巨大变化。满族姓氏有的来源于古老的部落名称，如赫舍里、钮祜禄等；有的是古老的地名，如宁古塔氏、尼玛察氏等；还有的是沿袭金代女真旧姓，如完颜、温迪罕等。在日常交往中，满族人习惯称名，不称呼姓。这种"称名不举姓"的习俗在广州世居满族中也很流行，如写在八旗宗祠里祖宗牌上的先人名字只是名字，没有姓氏。辛亥革命后的一段时间里，嫁与外族的满族妇女，子女如果要继承其为满族，必须随母姓，这也成为一种"例规"，它可以最大限度地保证满族姓氏的传承，是异族通婚后满族民众保护自己民族传统的措施之一。

满族的先人女真人即有冠汉姓之风，在《金史·金国语解》中记载女真人改换的汉姓，如："完颜汉姓曰王，乌古论曰商，徒单曰杜，女奚烈曰郎，兀颜曰朱……"《清史稿》卷二三一记载了明末清初满族人冠汉姓的现象，"佟养性，辽东人。先世本满洲，居佟佳，以地为氏。有达尔哈齐者，入明边为商，自开原徙抚顺，遂家焉。""又有石廷柱，辽东人。先世居苏完，姓瓜尔佳氏。明成化间，有布哈者，为建州左卫指挥。布哈生阿尔松阿，嘉靖中袭职。阿尔松阿生石翰，移家辽东，遂以'石'为氏。"长久杂居于汉族社会里，日益密切的交流使复杂晦涩的满族姓氏越来越不适应大文化环境，清初满洲的八大姓氏形成对应的八大汉姓。① 辛亥革命后，"换姓"之风在民间蔓延开来。

---

① 满族八大姓分别换成汉姓为：佟佳氏—佟；瓜尔佳氏—关；费莫氏—马；索绰络氏—索；齐佳氏—齐；富察氏—富；那穆都鲁氏—那；钮祜禄氏—郎。

根据《满族姓氏录》和《广州满族文史资料选辑》等材料,结合新调查的资料,可知广州满族姓氏有107个,而汉姓则有73个,这是常用部分,而不常用的因缺少资料没有编入,随母亲成分的满族人的姓氏也没有列入(表3.1)。

表 3.1 广州世居满族姓氏转换表[①]

原姓	汉姓	原姓	汉姓	原姓	汉姓	原姓	汉姓
瓜尔佳	关	苏穆鲁、苏佳	苏	文扎、文察	文	李佳、伊拉喱	李
钮祜禄	郎	阿克占	雷	舒摩喱	石	朱舍喱、乌苏	朱
舒穆	舒	伊克得喱、伊图玛、伊佳	伊	万琉哈、万佳	万	尼察、杨颜杨佳	杨
董鄂	董	陶佳、那图拉	陶	呢玛产、余胡鲁	余	章佳	章
赫舍里、辉和、何勒	何	墨尔迪勒、孟佳	孟	沙拉	沙	宁古塔、刘佳	刘
他塔喇	唐	乌灵阿、蔡佳	蔡	锁吉	锁	沈佳	沈
西林觉罗、鄂吉、鄂佳	鄂	乌苏喱、武佳	武	邓佳	邓	索罗觉	索
伊尔根觉罗、阿哈觉罗	赵	培佳	裴	吕佳	吕	希塔腊	希
爱新觉罗、金佳	金	徐吉、徐佳、舒禄	徐	顾佳	顾	英佳	英
马佳	马	洪颜奇、洪乌	洪	麦佳	麦	钟佳	钟
佟佳、佟伊	佟	白尔记吉特、白勒、拜佳	白	扎思胡喱	贾	库雅拉、胡佳	胡
那木都鲁	南	尼玛哈	俞、于	哈齐喱	韩	惠何	惠

[①] 汪宗猷主编:《广东满族简史》,广东人民出版社1990年版,第15—19页。

续表

原姓	汉姓	原姓	汉姓	原姓	汉姓	原姓	汉姓
那拉、纳喇	那	萨克达	仓	林佳	林	黄佳	黄
富察	傅、富	梅佳	梅	邵佳乌雅	邵	库奔	库
完颜	王、汪、完	陈佳	陈	梁佳	梁	郭洛罗、郭奔	郭
兀扎喇、乌扎拉、乌苏鲁	吴	徒萨	徒	叶佳	叶	喀勒扎	熊
扎库塔、颜札、张佳	张	宏佳	宏	颜佳	颜	周佳	周
高佳、巴约特、乌尔哈太	高	鄂托	曹				

"换姓"是满族民众生活中的一件重要事件,是满族汉化的直接结果。从地域上讲,它发生在全国范围;从程度上说,它波及了整个民族;在时间上看,民间满姓冠汉姓的高潮出现在辛亥革命之后。从表3.1可以归纳出广州世居满族换汉姓的原则大致有三:有的以原满姓音译的谐音取汉字为姓,如瓜尔佳氏取关字为姓,董鄂氏取董字为姓,胡什哈里氏以胡字为姓等;有的取满姓之汉义,如哈斯呼的意思为左,则取左字为姓,阿克吕的意思为雷,则取雷字为姓;有的是取满姓的汉译后再谐汉字,如钮祜禄,其义为狼,谐音为郎。这与北京旗营中满姓换汉姓的原则类似,可见广州世居满族的换姓与全国其他地区基本同步。[①]

[①] 金启鋆先生在《京旗的满族(续)》总结出满族冠汉姓的六条规律:(1)根据金代女真人的冠姓;(2)根据清初满族原有的汉姓;(3)摘取原姓氏的首字;(4)译义和译义后改换字面;(5)以上辈居住地名为姓;(6)以上辈各字的首字为姓。《满族研究》1989年第2期,第69—70页。

改姓之后，广州世居满族的姓氏又经历了两个阶段的变化。一是民国时期，广州满族民众处于严重的民族歧视之下，他们迫不得已改换了有明显满族特征的姓氏，如沙姓改成程姓，洪姓、锁姓改成关姓，郎姓改成杨姓、林姓、邵姓，鄂姓改成岳姓、陈姓、黄姓或者李姓等。"我家是大家族，富察氏，原来改汉姓为富，后来因为不敢露出自己是满族人的身份，改成姓傅。"① 满族民众的姓氏骤然增多，甚至造成父子间不同姓氏、兄弟间不同姓氏的奇特现象。

另一种变化是在新中国成立后，由于民族平等政策的实施，允许子女自主选择随父母任一方的民族成分。由于世居满族族胞与异族通婚已久，有些人的母亲是满族，父亲是汉族，虽然他们选择自己的民族成分是满族，但是这些人的姓氏是汉族的姓氏。因此，目前广州世居满族的姓氏呈现出多样性和变异性。

五、新生的聚会场所：观音楼与巧心茶楼

旗营虽然解散了，但是满族民众仍然自发地汇集到一起，观音楼与巧心茶楼成为他们聚会的场所。

在旗营时期，观音楼是满族民众的香火庙。辛亥革命后，观音楼一度被政府控制。民国十三年（1924），观音楼作为八旗公产，被满族人士用白银1406.37元产价优先领回。② 这以后，观音楼的产权发生了纠纷：

> 及后，国民政府又再次清理庙宇。民国十四年，贞海、作禅师徒串同擅将领契，伪作买卖，冒换新契，并取得土地

---

① 访谈对象：FRF；访谈时间：2009年11月28日；访谈地点：广州市海珠区南石头星光老人之家；访谈人：关溪莹。
② 汪宗猷主编：《广东满族志》，广东人民出版社1994年版，第134页。

局第1186号登记完毕证,擅自办理转移手续,把观音楼产权变为私人所有,从而激起满族人的公愤。于是,舒淡庵、傅星垣、张灵川等代表满族民众于民国十八年诉诸法律,经历年余,最后由广东法院三审终结,将观音楼产权判回广州满族集体所有,民国二十一年四月以万善宫代表舒淡庵、傅星垣、张灵川等三人名义重新税契。①

这场产权纠纷以满族族胞坚决收回公产而告终。贞海师徒之所以敢明目张胆地占满族的公产为私有,是因为那时候社会上对满族的歧视非常严重,很多满族族胞隐名埋姓,过着委曲求全的日子。但是观音楼的危机使满族民众不顾及社会舆论和个人安危,毅然决然地现身公堂,历经三年终于获得最后胜利,可见他们捍卫观音楼的意志之坚定。

收回观音楼产权后,"傅启隆、关凤臣、傅觉民、何芝生诸君尤能不惮艰险,奔走襄赞"②,在满族族胞的热心捐助下,把原砖瓦结构的跨街木楼,改建为两层混凝土的楼房,1935年12月重修落成,易名为"妙吉祥室"③,成立董事会,还加入了广州市善堂联合管理委员会。当时观音楼是一座具有民族风格的楼房。

> 正面的建筑是石脚水磨青砖相叠间白线,并配上杂木

---

① 《越秀区满族志》编写组编印:《越秀区满族志》,越秀区地方志办公室内部资料,1994年,第120—122页。
② 见《重修观音楼敬建妙吉祥室记》,刻于观音楼二楼南边的墙上。碑文收录于广州市越秀区满族志编写组编印:《越秀区满族志》,越秀区地方志办公室内部资料,1994年,第166页。
③ 据广州的满族老人介绍,"妙吉祥"是满洲的别名,妙吉祥室即满族室。

大门一对。门内装有镂金"档中"一个,四边镶以各色玻璃,中书篆字"妙吉祥室"。门顶上镶有由晚清举人吴道榕书写的"妙吉祥室"石刻匾额。楼内屏风及窗门均装有各种颜色、各种图形的玻璃片。二楼顶藻井批荡为:中厅边雕虬龙两条,中为如意状花纹,并批有"如意吉祥"字样,东、西厅边围分别雕有蝠鼠,中伴有古香古色的花纹。二楼北边是观音菩萨神座,神座顶三楼通天处,则建有砌绿色彩油瓦的八角亭一座。南面墙壁上镶有《重修观音古楼敬建妙吉祥室记》碑记一幅,详尽记述了"观音楼"的历史状况,记载着重修观音楼敬建妙吉祥室时满族族胞出钱出力的人和事。①

龙、蝠、鼠和如意花纹都是中国传统的象征吉祥的物像,由此可见妙吉祥室在满族民众心目中是一个祈求平安吉祥的殿堂。关于当时的香火之盛现在已经找不到文字记载,据老人回忆,"以前藻井上都是花纹、观音和蝙蝠","从前这里有讲经堂,后来都没了","解放前观音楼很多人去拜,观音诞都唱'观音出世'"②,还保留了对昔日观音楼香火鼎盛的模糊记忆。

1952年广东省召开了第一次民族工作会议,广州满族代表在会议上提出收回观音楼主权、恢复原来性质和面貌的要求,得到广州市委和市民政局的支持。1954年4月,观音楼交由满族群众接管,

---

① 《从"家庙"到群众之家——满族观音楼变迁史》,载汪宗猷主编:《南粤满族文集》,广州市满族联谊会内部资料,2000年,第296—297页。
② 访谈对象:GXX;访谈时间:2002年12月19日;访谈地点:广州市满族历史文化研究会;访谈人:关溪莹。

成立了广州市满族人民观音楼管理委员会，在恢复原貌的整顿期，仍继续开放。至1959年，观音楼改为广州市少数民族第二俱乐部，停止开放，将其作为满族人民活动场所。原有木雕观音像及神龛仍保留着，但是不再公开享用香火，而是仅供瞻仰。1950年代以后，满族民众的活动地点都设在观音楼，他们将观音楼作为民族的象征性建筑。

如果说观音楼是广州世居满族族胞有组织地进行族群活动的场所，那么巧心茶楼是一个自然形成的民间集会的场所。抗战胜利后，广州世居满族又一次陷入民族歧视和压迫的低谷，他们不敢暴露族群身份，被迫取消族群联谊活动，呈现出全面"汉化"的样态。但是在满族族群内部却蕴藏着不可磨灭的深厚民族情感。汪宗猷老先生曾经动情地对我讲："辛亥革命后，我们满族没有地位，隐姓埋名，虽然表面汉化，但是我们内心的民族情感很丰富。"[①] 尽管与广州社会的建构行动得不到当地社会的回应，他们仍然通过各种民间形式保持联系，彼此照应。巧心茶楼是一个显著的例子："巧心茶楼的'大圆台'成为满族人民的特定座位，每天早、午、晚三市于大圆台饮茶的，总有四五十人（次）之多，虽然主要是劳动人民，但各阶层的满族人民，要饮茶或访亲会友时也多到巧心茶楼一叙。"[②]

这种自发性的聚会一直持续到巧心茶楼拆除，无论社会局势多么混乱，生活状况多么恶劣，只要条件允许，满族民众便会自发地汇集到这里，互通消息，加强联系，彼此帮助。"我们广州满族能存在的原因在于我们有凝聚力。从1911年到解放的四十年满族人没有任何

[①] 访谈对象：WZY；访谈地点：广州市越秀区海珠中路123号广州市满族历史文化研究会；访谈时间：2004年11月4日；访谈人：关溪莹。

[②] 汪宗猷：《广州满族简史》，广东人民出版社1990年版，第100页。

公开的活动,但是逢年过节大家都互相慰问,凝聚力没有散。"① "解放前我们满族人很亲的,谁家嫁女啊,谁家有老人去世啊,我们都去走动;有什么事情都很帮忙,很来往的,走来走去都是在广州市喽!不过对别人我们就不说自己是满族的。"② 观音楼和巧心茶楼有力地承载了满族民俗的隐形传承,在民族延续最艰难的时期保存了族群认同和民族凝聚力。

第三节　开放民俗文化体系中的国家认同与族群认同

一、围城的消逝与边界的生成

时代变迁摧毁了广州世居满族的封闭世界。他们由生活在独立的区域里变成与当地各民族杂居;不与外族通婚的禁令被打破,满族家庭呈现开放态势;他们的生活与广州当地社会全方位地交融。此时,这个异质族群真正意识到自己与广州当地民众有多么巨大的差异,从一个依靠国家供给和管理的自在族群转化为自觉利用民族文化资源、主动构建文化体系的自觉族群,在乱世中顽强争取生存空间。辛亥革命后,可供广州世居满族利用的传统和现实资源都十分有限,一方面

---

① 访谈对象:SHZH,男,满族,71岁。出身于广州世居满族家庭,1951年毕业于广州行政干部学校;1951年至1961年,在广州耐火材料厂工作,曾担任副厂长;1961年至1981年在广东佛冈县担任财办主任、工商局长等职务;1981年至1988年在广东省人民检察院担任处级检察员;离休后做了十余年律师。访谈时间:2003年9月18日;访谈地点:广州市越秀区惠福大酒店;访谈人:关溪莹。

② 访谈对象:FRF;访谈时间:2003年11月28日;访谈地点:广州市海珠区南石头星光老人之家;访谈人:关溪莹。

他们散居在汉族社会里，而且得不到政府和社会主流群体的认同，传统优势消失殆尽；另一方面，在迁居广州的前155年中，他们既没有土地，也没有与当地社会建立广泛而有效的血缘和业缘关系，更没有养家糊口的技能。这一时段，在西风东渐的浪潮中，广州的机器工业（船舶修造、冶铸）、纺织工业、商业等都有较大发展，产业中的技术含量逐渐增大，组织也更加严密，满族民众可以介入的空间更加狭小。生存资源的贫乏使这个异质族群长期挣扎在贫困线上。由于历史的原因，广州当地社会对他们文化体系的构建并没有积极的回应态度，致使两者的互动陷于瘫痪，这些因素导致了广州世居满族发展历史中的最低潮。新中国成立后，他们的文化水平和生产技能逐步提高，语言的趋同和家庭婚姻的开放以及生产生活的合作与互惠使他们与广州社会建立了密切联系，逐步获取了生存资源的广州世居满族又获得民族平等政策给予他们的政治权利。移民群体与当地社会的互动真正建立起来，新的民俗文化体系在经济空间、政治场域、价值理念和社会认同等层面不断丰富。

旗营解散后，广州世居满族的族群认同才真正被激活。现实里的围城消失了，族群的边界得以形成。这个族群之所以能够坚持不懈地建构文化适应体系，在人数锐减的最困难时期并没有消亡，一旦外界政治经济环境有所缓和，立即展开重新构建行动，要归功于族群认同的存在。民国时期，广州世居满族的人数锐减，他们不敢公开民族身份，不敢聚会和举行活动，是否可以认为民族认同已经消亡？当笔者请满族老人回忆当年的情景时，他们的回答都是否定的。虽然当时满族民众没有公开的活动，但是大家的联系和相互关心并没有减少，如同王明珂对华夏边缘研究的结论之一："也就如个人在同胞亲情中寻求慰藉一样，在经历巨大社会变迁的挫折与彷徨无依时，个人也常在族群感情中找到归依。"① 甚至有人说民国时期受压迫越厉害，越得不到外界的认同，其民族内部的认同越强烈。这个结论与彭兆荣对贵州省黔南布依族苗族自治州荔波县茂兰区瑶麓乡的青裤瑶的考察结果相类似，青裤瑶族群在民国时期坚决抵制政府要求他们改换民族服装的政令，不惜付出惨重的代价。"当一个民族在遇到其整体利益受到威胁的时候，民族性认同成为第一指标，造化出一种特殊的'能量'。"② 可见族群认同有自身的特性和发展规律，生存环境的改变、国家权力的干预等外界因素只能对其进行影响，并不是促成其变化的根本原因。

二、族群认同的结构性差异与边界流动

弗里德里克·巴特提出族群边界论，他从族群结构差异及由此产生的族群边界来解释族群现象，认为族群之间的密切接触并不意味着接触某一方或者双方的互化或消亡，相反，他们仍然会顽强地存在，甚至产生比过去更强烈的族群意识。③ 边界性体现在文化差异与结构对立，文化差异涉及神话、宗教、信仰、仪式、民间历史、民间文学和艺术，这些民俗文化表达和族群符号形式，不断深化族群认同；结构性对立不仅存在于族群之间对生产资源的争夺，也存在于对权力、知识以及解释权等的争夺。如果族群的结构性对立消失，最明显的文化差异也会随之消失，族际同化也会出现。族群成

---

① 王明珂：《华夏边缘——历史记忆与族群认同》，浙江人民出版社2013年版，第251页。
② 彭兆荣：《民族认同语境变迁与多极化发展——从一个瑶族个案说起》，《广西民族学院学报》1997年第1期，第31页。
③ Fredrik Barth, *Ethnic Groups and Boundaries,* Boston: Little Brown & Co.,1969, pp. 135—148.

员的认同边界会随着时间和地点的变化、出于利益和价值的考虑有所变化。① 纳日碧力戈认为族群的结构可以分为几个层次：族群内部由语言、饮食、服饰、信仰等构成的"有形结构"，族群成员的言行举止、礼仪活动构成的"行为结构"，族群思维方式和民间知识构成的"认知结构"。② 也就是说，由于本族群与外界族群形成这三种对立，族群认同得以生成，而族群认同的变化也是这三种结构对立变化的结果。

在广州世居满族由自在族群向自觉族群的发展过程中，他们的语言由普通话经过满洲话转化成粤语，传统服饰被遗弃，仪礼、饮食逐步当地化，"有形结构"对立消失了，所以大家看到辛亥革命后广州世居满族日渐汉化；在他们遭受民族歧视的时候，一切公开的族群活动取消了，族胞的言行举止也有意识地模仿当地汉族，"行为结构"对立也消失了，在当时社会造成"满族已经消亡"的社会认识。尽管如此，满族传统的思维方式和民间知识构成并没有改变，他们依旧以八旗为单位而不是与当地社会一样以宗族为单位供奉祖先，祭祀中存留着民族传统的风格；他们通过口承文学作品传承着自己的源流和满族祖先的创业经历，一遍遍地强化民族历史记忆，将这些民间知识传授给后人。在日常生活中，他们之间也是彼此关照。正如世居满族传唱的一首民谣《太平年》："我满族一窝亲，打折骨头连着筋，一向生活同甘苦，胜似手足骨肉情。"即便在动荡的岁月里，他们的族群认同丝毫没有减弱，外界压力越大，族群认同反而越强烈，一旦获得民族平等政策后，这个异质社会中的少数民族获得快速恢复。

可见，有形结构对立是最容易消失的部分，其次是行为结构对

---

① 纳日碧力戈:《现代背景下的族群建构》，云南教育出版社2000年版，第65页。
② 同上书，第13页。

立，而认知结构对立是族群认同中最稳定的核心部分，前两个结构对立的消失只能带来族群认同表象的减弱，其存在与否关键是认知结构对立是否依然存在。

当外界环境改变的时候，族群之间的结构性对立的变化由外向内进行，导致族群认同的变化；依此类推，当族群认同恢复的时候，从最核心的部分开始变化。以广州世居满族为例，我们再来检验一下族群认同的这种结构性对立设置的合理性。抗战胜利后，满族同胞自发地在巧心茶楼聚会，开始利用改了名字的观音楼——妙吉祥室恢复族群活动；新中国成立以后，满族重新获得政治地位、经济发展能力和民族自信，激发了认知结构，其他结构对立也作了相应的调整。他们所做的第一件事就是成立民族社团，组织公开活动，恢复民族身份，光明正大地进行民族联谊，使满族与当地其他民族的行为结构对立重新建立起来；从1954年开始，他们在族胞中收集传统的口承文学作品，1957年身着民族服装参加广东省第一届少数民族艺术观摩会演，做出恢复有形结构对立的努力。这些可以验证族群认同结构的合理性。

广州世居满族族群认同中的有形结构、行为结构和认知结构不断调整，以适应近现代广州社会的变化。这种结构性对立的调整导致族群认同边界的变动。族群成员的认同边界会随着不同的时间和地点，出于利益和价值的考虑有所变化。旗营解散后，先是语言和服饰的认同消失了；在最困难时期，族群活动也消失了，甚至姓氏认同也一度消失，族群认同的边界日渐缩小，呈现出族群情结淡化的表象。但是外部环境并没有改变满族认同的认知结构对立，族群认同不会消失，其改变仅仅是程度上的变化，一旦获得适宜的土壤，不同层次的结构性对立会重新建立。需要强调的是，并不是所有的结构性对立都会恢复，例如新中国成立后，普通话和满洲话没有被满族民众重新使用,没有人用传统方式婚丧嫁娶等等,结构性对立能否重新形成要遵从利益最大化原则,以保持稳定的价值核心。

广州世居满族经历了中国现代史上历次重大时代变革,其文化体系的建构可谓命运多舛,最危急的时候人数降到不足千人,几乎濒临灭绝。随着国家政治经济环境的稳定与民族政策的实施,这个异质族群很快重振旗鼓,营造新的文化体系,获得更加旺盛的生命力,归根结蒂是由于继承了民族文化传统,保存了族群认同的缘故。经过时代的磨砺,广州世居满族完成了由自在民族向自觉民族的转变;随着广州的现代化进程,他们由被动适应移入地环境转变为主动争取生存空间;在改革开放的时代里,他们也采取新的策略创造进一步发展壮大的机会。

三、国家认同的强弱起伏

辛亥革命后,在广州驻防了155年的八旗部队被解散,满族官兵的政治军事特权被取消,经济保障制度被取缔,从国家权力代言人变成了汉族民众包围中的异质族群。"驱除鞑虏,恢复中华"针对的是他们;"提笼养鸟,仗势欺人"的民间记忆的主角是他们。满城外的生活危机四伏,满族民众岌岌自危:满城不再是原来的家,民国更不是自己的国。满族族胞的国家认同急遽下降。抗战胜利后,国民政府推行大汉族主义的民族压迫和民族歧视政策,少数民族政治权利被忽视,经济上贫困不堪,人民生活濒临绝境。他们对城市散杂居少数民族更无暇顾及,任其自生自灭。南京国民政府推行同化策略,淡化民族问题和少数民族概念,提出宗族理论,只承认宗族,否认少数民族的存在。政府从根本上抹杀了国内各民族之间的历史、文化的差别,为民族歧视、民族压迫提供了理论依据。[①] 在这

---

① 李国栋:《民国时期的民族问题与民国政府的民族政策研究》,兰州大学博士学位论文,2006年,第117页。

样的大环境中,广州世居满族的国家认同必然处于较低水平。

新中国成立以后,广州世居满族与全国人民一起迎来生命的曙光。广州满族民众参加了国家选举;政府给他们安排工作,支持族胞开展各种形式的生产自救;满族族胞组建了民族社团,有了自己的民族学校和民族坟场;满族代表与其他少数民族先进分子一起到全国各地观礼和学习;政府鼓励他们研究自己民族的历史,继承文化传统,挖掘民间文艺。满族民众在政治权益、经济发展、文化传承等方面得到与其他民族平等的待遇,从而增强了广州世居满族的国家认同。

第四章
现代化语境中族群文化的自我更新
（1977年至今）

第一节 广州世居满族的人口变化

从落户广州到今天，广州世居满族的人口数据有十次记录。旗营时期有两次，调查对象为广州世居满族；新中国成立之初，满族八旗临时联络组对世居满族族胞进行了一次人口调查；后来全国第一次到第七次人口普查都获得了广州满族的人口数据，但是调查对象与前三次不同，不再只针对世居满族，而是面向广州市的全体满族民众，所以对广州世居满族人口数据的分析颇显复杂。

《驻粤八旗志》中记载乾隆二十一年（1756），"调京旗满洲兵一千五百名，挈眷来粤合驻"，只记录了驻粤官兵人数，没有记录所有落广祖的人数。道光十年（1830），在太子少保、驻粤将军世袭云骑尉庆保所著《广州驻防事宜》一书中出现对清代旗营内世居满族总人数的记录："满洲八旗，官四十一员，世职八员，外任四员；先锋、领催、马甲、匠役、副甲共一千二百一十三名，无米炮手一百二十名，余兵二十名，养育兵四百名，闲散一百七十二名，幼丁九百七十三名，妇女三千零六十六口，以上通共六千零一十七名。"①

---

① 《广州驻防事宜·满汉男妇丁口分析数目》，第61页。

《驻粤八旗志》记载:"光绪十年(1884),满洲八旗男妇老幼共六千二百七十名。"① 广州世居满族偏居南部沿海地区,与东北和京津地区的人员流动极为有限;由于居住在满城中,他们与广州当地社会基本隔绝,所以在旗营时期其人口的增加比较缓慢,近五十年只增加了二百余人。

辛亥革命后,旗营解散,广州满族族胞的政治地位急剧下降,经济生活没有保障。因遭受民族歧视,很多族胞隐姓埋名,经过近四十年的艰难岁月,世居满族人口锐减。1952年12月,世居满族成立了满族八旗临时联络组,组织人力调查登记世居满族人口为1641人,共399户,居住在传统聚居地中、北区的有365户,占总户数的91.48%;其他四个行政区共34户,只占8.52%。② 世居满族仍以聚居为主,仅有少量分散居住。

在新中国进行的七次人口普查都获得了广州满族人口数据,这些数据包括广州世居满族和因求学、就业、工作调动等原因从其他城市迁居广州的满族人士,通过这些数据对世居满族进行分析存在一定困难,但是仍然凸显出广州世居满族人口变化的一些特征。③

一、广州满族人口变化反映了国家政治环境与族群境况的改变

1953年第一次全国人口普查统计广州满族人口1492人,与1952年广州满族八旗临时联络组调查统计出的世居满族人数1641人相仿,

---

① 《驻粤八旗志·官兵额设·户口》,第66页。
② 汪宗猷主编:《满族工作五十年》,广州市满族联谊会内部资料,1999年,第25页。
③ 本章统计表格中的数据根据汪宗猷主编:《广东满族志》,广东人民出版社1994年版,第24—33页。广州统计局网站:《第六次人口普查说明》,t1—06各地区分性别、民族的人口;《广州市人口普查年鉴—2020(上册)》,1—4各地区分性别、民族的人口,第52—56页整理。

表明这个时期广州满族基本都是世居人口。截至 2018 年 7 月，广州市满族历史文化研究会注册会员有 2283 人，他们绝大部分是世居满族后裔。可以推测，在第六次人口普查的广州满族人口 8949 人中，约四分之一是世居满族后人，世居满族依然是广州满族人口的重要组成部分。

4.1 七次全国人口普查中广州满族人口数据

	一普（1953）	二普（1964）	三普（1982）	四普（1990）	五普（2000）	六普（2010）	七普（2020）
广州满族人口数	1492	2690	3049	4155	6756	8949	15083

从表中可以看出，新中国成立初期由于共产党推行民族平等政策，很多在旧社会隐姓埋名的族胞恢复了民族身份，加上新中国成立之初恢复性建设的需要使人才流动比较频繁，所以第二次人口普查时广州满族人口比第一次人口普查增加了 80.3%；此后广州满族人口增长较慢，第三次人口普查时仅比 18 年前的第二次人口普查时增加了 13.3%；而改革开放以后，由于珠三角宽松的政治环境和优越的经济政策，吸引了全国各地的大量人才涌入广州，第四次至第七次人口普查中广州满族人口数量均增长较快。广州满族人口数量的变化映射出国家政策调整的轨迹。

二、满族人口逐渐分散是广州城市建设发展的结果

第一次人口普查的数据显示，当时属于今越秀区范围的中北区共有满族人口 1283 人，占广州市满族人口总数的 86%，其他八个区共209 人，仅占 14%，说明此时广州满族人口的主体是世居满族，仍然聚居在他们世代居住的"满城"附近。后面的几次人口普查数据显示，越秀区的满族人口持续减少，其他各区的满族人口持续上升，各

区增加的满族人口中包括1950年代以来移民至广州的满族族胞，但是也显示出世居满族人口的变化趋势。2010年越秀区的满族人口为2257人，比57年前第一次人口普查时增加了76%，远低于广州市城市人口的自然增长率，进一步证明了广州世居满族人口逐渐分散到广州各区。2020年越秀区的满族人口为1385人，比2010年大幅下降，世居满族的分散趋势更加明显。

表 4.2　七次全国人口普查中广州满族人口在各区的分布

	一普（1953）	二普（1964）	三普（1982）	四普（1990）	五普（2000）	六普（2010）	七普（2020）
广州满族人口	1492	2690	3049	4155	6756	8949	15083
越秀区	东区 22	1702	1505	1296	1100	2257	1385
东山区	南区 22	230	364	786	975		
荔湾区	西区 133	432	473	546	596	811	802
海珠区	北区 821 中区 462	141	313	631	1102	1305	1480
天河区		125（郊区）	269（郊区）	352	1232	1710	2550
芳村区	7			40	138		
白云区	13			272	831	1149	2826
番禺区				45（番禺县）	266	831	2187
南沙区						79	652
黄埔区	4	11	38	73	223	271	1533
萝岗区						153	
花都区		27（花县）		59（花县）	112	162	923
从化市		4（从化县）		17（从化县）	77	71	124
增城市				38（增城县）	104	150	621
其它地区	8	18	87				

改革开放后越秀区的满族人口大幅下降,其他各区则持续上升,这与改革开放以来广州市的城市建设有关。广州市于1985年撤销郊区,设立天河区、芳村区,1987年设立白云区,1988年广州市行政区域管辖范围扩展为包括东山、越秀、荔湾、海珠、天河、黄埔、芳村、白云等八区;①1993年设立增城市,1994年设立从化市,均由广州市代管;2000相继设立番禺区、花都区;2005年设立南沙区和萝岗区,东山区并入越秀区,芳村区划入荔湾区;2015年黄埔区和萝岗区合并。在建设天河区、白云区、黄埔区、南沙区等新城区的过程中,世居满族民众由于工作地和居住地改变自然迁移到新地方,分散化趋势比较明显。

改革开放以来,广州世居满族的人口迁移是自然发生的过程,广州城市建设与发展对满族人口的影响反映出广州世居满族已经与广州社会融为一体。

三、世居满族的聚居生活方式依然存在,这是族群认同延续的表征

从第三次人口普查到第六次人口普查,世居满族的传统聚居区——光塔、诗书、纸行三个行政街的满族人口数量稳中有降,与越秀区满族人口数之比始终在50%左右。2005年4月广州市撤销东山区并入越秀区,导致2010年第六次人口普查时越秀区满族人口数量大幅增加至第五次人口普查时的两倍,光塔、诗书、纸行三个行政街的满族人口数量与越秀区满族人口数之比则由46%降为20%,可见居住在光塔、诗书、纸行三个行政街的满族人口数量并未大幅下降(表4.3)。这说明改革开放以来,尽管国家环境、地方社会和满族民

---

① 广州市地方志编撰委员会:《广州市志·建置志·人口志》,广州出版社1998年版,第147页。

众都经历了巨大变化，但是世居满族的族群认同依然存续，族群建构没有停止，满族人口逐渐分散，但是族群的凝聚力没有散失，传统的聚居生活方式依然存在。

表 4.3 改革开放后广州世居满族聚居人口变化

	三普（1982）	四普（1990）	五普（2000）	六普（2010）	七普（2020）
越秀区满族人口数（人）	1505	1296	1100	2257	1385
光塔、诗书、纸行街道的满族人口数	785	655	511	459	213
上述街道满族人口数占越秀区满族人口数的比例	52%	51%	46%	20%	15%

2020 年第七次人口普查的数据显示，不仅广州世居满族传统聚居地光塔街道的满族人口降至 213 人，整个越秀区的满族人口数也大幅降至 1385 人，几乎降至第六次人口普查中越秀区满族人口数的一半；而表 4.2 显示海珠区、天河区、白云区、黄埔区的满族人口数量都超过了越秀区，据笔者统计以上四个区的部分街道的满族人口数超过了光塔街道。近十年来，广州市的满族人口增加了六千余人，世居满族传统聚居地的人口数量持续下降，世居满族的聚居生活方式正随之发生变化。

四、满族在广州少数民族总人数中的比率不断下降是由满族的主体性特征决定的

广州市是一个多民族共居的大都市，1953 年第一次人口普查时，全市有十个少数民族，回族和满族的人数最多，在全市少数民族总人口中占 96%，其他还有壮、蒙、黎、瑶、傣、苗、藏、彝、布依和白等民族；到 2020 年第七次人口普查时，广州市区的少数民族增加为

55个，主要有壮、瑶、回、满等。

表4.4 七次全国人口普查中广州市主要少数民族比例

	满族（%）	回族（%）	壮族（%）	瑶族（%）
一普（1953）	33.32	62.62	2.61	0.22
二普（1964）	30.11	50.43	15.30	0.49
三普（1982）	24.95	46.23	19.02	1.18
四普（1990）	19.42	30.06	27.64	5.30
五普（2000）	4.86	6.60	40.96	8.00
六普（2010）	4.20	6.59	39.1	9.01
七普（2020）	2.62	3.44	42.4	9.81

七次人口普查结果显示，广州市满族和回族人口在市区少数民族总人口中所占比例不断下降，而瑶、壮等少数民族的比例不断攀升，改革开放后这种上升趋势尤为明显。进入80年代，广州的现代化进程在全国遥遥领先，骤然扩大的市场需要大量劳动力，吸引全国各地的人口迁移到这里。壮、瑶等民族聚居地散布在广州附近，而且移入广州的时间相对较短，广州市区的壮、瑶、黎族与其移出地之间联系比较紧密，这样就形成了有效的移民网络。移民网络为移民提供各种形式的支援，如信息传递、助人钱财、代谋差事、提供住宿等，以此降低移民的成本和风险，吸引更多人加入移民潮。[①]有效的移民网络使壮、瑶等少数民族移入广州的人数迅速增加，在广州市区少数民族中的比重不断加大。

满族是典型的北方民族，大部分民族自治县都在华北和东北。广州世居满族已经移入广州260余年，尽管广州满族联谊会和广州满族历史文化研究会曾多次组织穗港两地族胞到辽宁沈阳和新宾、河北承德、北京寻亲问祖，但是没有建立长期联系。根据笔者的访查，1950

---

① 华金·阿朗戈：《移民研究的评析》，《国际社会科学杂志》2001年第3期。

年代之后移入广州的满族族胞多是由于支援国家建设或者工作调动，投奔族人的情况较少。没有形成移民网络是满族人口增长缓慢的重要原因，这是广州世居满族的特性决定的。

第二节　族群认同的场域

改革开放以来，广州世居满族绝大部分民俗都消失了，现在可见的仅有部分饮食和信仰习俗，另外在广州的某些地名中可以找到满族生活的痕迹。但是作为广州市五个世居少数民族之一，他们积极参与国家建设，输送了众多优秀人才。广东省相关部门领导多次肯定了广州满族的蓬勃发展，广州市满族历史文化研究会被广东省政府授予民族团结进步先进单位。全新的社会环境中，广州世居满族的族群认同焕发出新的生机，族群生命力日益强大。他们用以维护族群认同的措施主要有三项：满族历史文化研究会、满族坟场和满族小学。

一、广州满族历史文化研究会：凝聚力的核心

（一）历史沿革

广州市满族历史文化研究会是由广州市满族人民群众及有关专家学者自愿组成并经广州市人民政府有关部门核准注册登记、具有法人资格的非营利性社会团体，现有登记会员 2200 多人。其前身是成立于 1984 年 9 月的广州市满族联谊会，2001 年 11 月更改为现名。从旗营解体到新中国成立前，广州世居满族族胞生活贫困，颠沛流离，甚至改姓埋名以求生存。虽然族胞之间仍有联系互助，但是没有形成公开的组织。1950 年 11 月，中央民族慰问团到广州慰问少数民族，向回族族胞赠送一面由毛泽东主席题词的"中华人民共和国各民族团

结起来"的锦旗。广州满族亲身感受到中国共产党对少数民族的平等对待。"国光小学部分家长李国、吴海安、俞博施,以及满族镶红旗代表性人士汪玉麟、佟直臣、汪玉泉等常到国光小学与学校领导人汪宗猷、李剑晖等商讨、探索满族问题,自发地形成一个'核心'小组。"① 久被压制但是逐渐滋长的族群认同促发了满族族胞产生形成民族社团的愿望。

1952年11月24日,广东省召开第一届民族工作会议,广东省的黎、苗、瑶、壮、畲、京、回、满等民族代表130多人出席大会,中央人民政府民族事务委员会副主任委员刘格平明确提出满族是一个少数民族,应享受民族平等权利。在11月29日晚,在国光小学礼堂举行了"广州满族各旗父老、妇女、青年座谈会",由出席广东省第一届民族工作会议的满族代表传达会议精神。满族族胞群情激昂,有人激动得热泪盈眶,随后推选出各旗临时联络员等18人组成满族临时工作组。虽然尚未得到政府的公开认同,但是因为有了自己的组织,满族族胞迅速地凝聚起来。12月7日,在临时联络组的领导下,组成满族调查登记小组,走街串户,登门调查,对解放初期广州世居满族的政治、经济、文化、人口情况进行了比较全面的调查。②

1953年5月中旬,广州市政府民政局同意成立广州满族第一个群众组织——中国人民保卫世界和平反对美国侵略委员会广州满族支会,简称"广州满族抗美援朝支会"。民政局拟定委员及候补委员候选人名单、满族族胞公开选举产生的广州满族抗美援朝支会是广州世居满族成立的第一个社团,自1953年6月成立迄1958年5月结束。汪宗猷总结该社团在将近四年中为满族族胞做了十个方面的工作:(1)组织满族群众参加五一国际劳动节和国庆节等政治活动;(2)宣

---

① 汪宗猷主编:《满族工作五十年》,广州市满族联谊会内部资料,1999年,第5页。
② 同上书,第9页。

传民族政策及人民政府的大政方针;(3)协商人大代表、政协委员及妇女青年等代表人选;(4)培养青年,选送到中南民族学院及广州市技工学校学习;(5)聘请满族群众及家属34人为联络员组成联络网;(6)组织生产自救,自办社、组;(7)协助广州市民政及劳动部门解决就业问题;(8)组织青年文娱组及参加广东省民族艺术观摩会演;(9)协助广州市卫生部门办理减免医疗费事宜;(10)组织"丧事互助"及建立满族坟场等。①

新中国成立之初,深受民族歧视和战乱之苦的满族民众终于有了自己的合法化的民族团体,其作用可以概括为以下四个方面:(1)协助政府贯彻民族政策、保障满族族胞政治权利;(2)组织生产自救,协助市民政、劳动部门解决族胞就业问题;(3)跟进族胞的教育、进修、联谊等管理工作;(4)对外联系,扩大广州满族的影响。广州满族抗美援朝支会在政治、经济、文化、生活等各个方面都有力地维护了满族族胞的切实利益,这无疑比祈求菩萨在冥冥之中的保护来得具体真实,满族族胞的族群凝聚力显著增强。

抗美援朝支会解散后,广州世居满族先后成立了广州市少数民族艺术观摩会演满族研究小组(50年代)、广州市满族文史资料编写研究组(60年代)、广州市少数民族第二俱乐部(60年代)等民间组织。"文革"期间,广州市少数民族第二俱乐部被砸烂,观音楼遭到严重破坏,全部家具散失殆尽,观音像丢失。粉碎"四人帮"后,满族民众于1979年收回观音楼旧址,作为族胞活动的场所。1980年4月正式成立广州市满族文化室,这个民族社团继承广州满族抗美援朝支会的工作宗旨,满族工作又蓬勃地开展起来。1984年9月18日,在广州市满族文化室的基础上,满族族胞组建了一个群众性的人民团体——广州市满族联谊会,会址设在观音楼。2001年

---

① 汪宗猷主编:《越秀区满族志》,越秀区地方志办公室内部资料,1994年,第53页。

11月，广州市满族联谊会改名广州市满族历史文化研究会，在广州世居满族的生活中发挥了举足轻重的作用。2007年，广州市满族历史文化研究会完成了领导集体的交接。汪宗猷老会长离任，金玉阶会长就任，继续为广州满族族胞服务；2015年7月，金玉阶连任会长8年以后，鉴于年龄超过70周岁向满研会辞职，由关洁梅接任会长，金玉阶继续驻会协助工作。2019年，关尚持接任关洁梅，担任新一届满研会会长，副会长分别由伍嘉祥、舒明明、关雪娟、汪文杰、廖永新、佟伟彦担任，金玉阶、关洁梅、汪文静、李跃担任顾问，共同为满族族胞工作。

（二）组织机构与经费使用

广州满族联谊会1984年成立，即召集广州满族第一次代表大会，选举出理事21名，在此基础上推选出常务理事7名、正副会长4名、正副秘书长3人、办公室主任1名，另设名誉会长2人，组成满族联谊会的领导机构。理事会的工作机构包括学习委员会、妇女工作委员会、坟场管理委员会、青年工作组、联络工作组、文史工作组和老龄工作组等，协同领导满族联谊会工作。联谊会制定了《广州满族联谊会章程》《广州市满族教育基金会章程》《广州满族坟场管理办法》，对协会的宗旨、任务、组织等作出明确规定。

2001年，联谊会更名为广州市满族历史文化研究会，设会长一人，办公室主任一人，副会长、正副秘书长、理事若干人。理事会的工作机构分别为：文史部（含书画摄影室）、联络部（含长者组）、文体部（含妇女组）、青年部、坟管部、会刊《广州满族》和办公室。

2013年，满研会经费预算共计375700元。[①] 作为群众社团，满研会每年的活动经费不是个小数目，资金来源有三条渠道：

一是国家民族宗教管理部门每年下拨的活动经费。以2016年为例，

---

① 广州满族历史文化研究会：《广州满族》2013年第1期，第17页。

广州市民族宗教局下拨给满研会的日常工作经费是 5 万元；另外大型活动可以提出特殊申请，如 2016 年广州满研会承办第七届全国满族联谊会会长论坛申请到几万元专款资助，后又申请到 10 万元出书。

二是出租观音楼一楼和三楼的闲置房产得到的租金。

三是海内外满族族胞的捐款、捐助。当笔者提出查阅历年的捐赠名单时，驻会工作人员说捐赠者不愿意张扬身份，很多人没有留下姓名。2014 年清明节族胞赞助名单显示，近 400 名满族族胞参加捐助，他们中有事业成功的企业家，有普通的广州市民；有以个人名字捐助者，也有以全家或者某某后人的名义捐助的。捐助的钱款从 50 元到 1 万元不等，有人民币也有港币，共计款项近 9 万元。①

据工作人员介绍，通常一年中的几个重大节日都会收到满族族胞的赞助。尽管如此，维持满研会日常工作的经费仍然比较紧张，唯有全体会员齐心协力，节约办会，才能推进民族社团持续发展。

（三）工作职能

综合广州满族历史文化研究会历年的工作总结，其职能集中在以下几个方面：②

1. 学习、贯彻党和政府的各项方针政策

《广州满族历史文化研究会章程》第三条规定："协助政府宣传和贯彻党的民族政策，帮助满族人民了解党和政府的方针政策。"新中国成立后，满族与全国各族人民一同享受平等权利和发展机遇，但是将这一政策从中央传达到基层，并且在社会中推广不是一件简单的工作。满研会在政府与民间社会之间架设了一座桥梁，不遗余力地将政府的民族政策介绍给满族族胞，促进了满族民众与主流社会的融合。

---

① 广州满族历史文化研究会:《广州满族》2014 年第 2 期，第 7 页。
② 感谢广州满族历史文化研究会会长汪宗猷老先生提供了 1984 年至 2002 年的工作总结。从 2001 年 11 月起笔者参加了满族联谊会大部分活动，根据满族民众的反映和笔者的实际感受，这些工作总结所反映的情况比较客观真实。

除了介绍民族政策，研究会经常组织族胞学习党和政府的各项方针政策，分层次组织满族的市、区人大代表、政协委员推举，组织满族知识分子和满族老人集体学习，使之沿着民间组织的通道传达到广州世居满族民众，也促进了广州满族同胞与时俱进。

2. 广泛开展联谊活动

广州满族历史文化研究会的联谊活动分为三个部分，一是广州满族内部的联谊，二是与广州其他少数民族的联谊，三是广州满族与其他地区满族的联谊。

每年正月初四的"春茗"是满族聚会的日子，满族联谊会（满研会）每年都在这一天举行广州满族各界人士联欢活动，至今已经坚持了四十余年。届时邀请广州满族的全国人大代表、先进人物和科技、教育、医卫、企业家、工商界人士和港澳满族同胞，兄弟民族代表以及省、市、区有关领导，少数民族社团负责人济济一堂，载歌载舞，共庆佳节，每年都得到社会各界和媒体的高度关注与报道。这个与民族传统结合在一起的团体活动已经形成新的节日"民俗"，这是真正的广州满族族胞的节日，他们强烈地感受到民族的凝聚力和自豪感，国家权力的高度评价和社会各界的普遍关注进一步强化了他们的族群认同。

满族历史文化研究会的联络部（含长者组）、文体部（含妇女组）、青年部都不定期地组织会员活动。联络部规定每月18日为老族胞活动日，凡超过60岁的族胞（包括汉族姑爷和媳妇）都可以参加，还规定当月生日且年龄达到70岁的，由满族联谊会送给红包一个，切蛋糕祝贺。每月出席这项联谊活动的老人保持在40人左右，活动内容主要是宣传党的民族政策、国家的大政方针，进行爱国主义教育，传达满研会有关信息，开展各项有利身心健康的文娱和谈家常等活动。① 文体部组织女族胞排练文艺节目，进行联谊活动；青年部每

---

① 汪宗猷：《新千年工作回顾》，载《南粤满族文集Ⅱ》，满族历史文化研究会内部资料，2002年，第181—195页。

年都开展青年族胞喜欢的户外活动，还有访问老族胞、拜祖等活动。广州满族历史文化研究会通过一系列社团活动密切广州满族后裔之间的联系，增进民族感情，寻求互助合作，保持族群凝聚力和向心力。

除了满族，回族也是广州市世居的少数民族之一。2020年第七次人口普查的数据显示，全市具有广州户籍的回族人士有19853人，世居回族族胞聚居在越秀区怀圣寺、光塔路一带，目前居住在越秀区的有2810人。① 广州的回族与满族长期为邻，新中国成立之初一起组建广州市民族综合工厂和广州市回族满族五金零件厂，开展生产自救。多年来世居满族和世居回族和睦相处、互通有无与民族社团的努力分不开。"虽然我们与回族的饮食、风俗不一样，但是从没有发生民族纠纷，满研会的大型活动都会邀请他们参加，广州回研会也常邀请我们。"②

满研会也比较重视与其它地区族胞的联谊。1984年广州满族联谊会成立的时候，全国很多满族专家、学者和知名人士题字或拟文祝贺，北京、呼和浩特、沈阳、成都、福州、沙市等地的满族民众来电来信祝贺。从1984年起，广州满联会接待过来自北京、吉林、哈尔滨、上海、成都、呼和浩特、长春、沈阳、新宾和凤城等地的满族族胞。1986年6月曾邀请香港满族同胞回广州参观，同年9月，满联会负责人应邀到香港进行联谊活动，接触到香港的满族同胞有六十多位，密切了穗港两地族胞的感情。1987年满联会代表和香港满族族胞一同组团赴东北寻根问祖，访问了辽宁沈阳、新宾满族自治县和河北承德避暑山庄，最后在北京拜会了北京民委的领导和爱新觉罗·溥

---

① 广州市统计局网站：《广州市人口普查年鉴—2020（上册）》，1—4各地区分性别、民族的人口，第37页。
② 访谈对象：GXJ，广州市满族历史文化研究会工作人员，1952年出生，自幼生长在广州满族聚居区，在企业做行政管理工作，退休后在满族联谊会工作多年；访谈时间：2016年7月17日，访谈地点：广州市满族联谊会，访谈人：关溪莹。

杰等人，提高了广州世居满族的声誉。对在穗的满族"三胞"人士，满研会召开座谈会加强联系，并组织族胞带上民族食品饽饽和饭卷慰问他们，也扩大了广州满族在海外的影响。广州满族社团注重联谊的传统一直延续不断，进入21世纪，全国满族社团之间的互访学习更加频繁。2016年6月广州满族历史文化研究会承办了第七届全国满族联谊会会长论坛，接待了来自全国各地的三十多个满族社团，与他们建立了长期联络和良好关系。

3. 奖教奖学，办好民族教育

满族是一个善于学习的民族，民族教育是满研会一项重要的工作内容。曾担任满族小学校长的关洁梅女士说："在满研会中，只要有关满族小学的提案，大家都非常支持，这已经达成共识。"[1]在2002年9月满研会公布的工作要点及制度中，将奖教奖学工作归纳为如下三点：

（1）广州市满族小学是培养我族子弟的一间民族学校，规定不限地区全市性招收满族学生。凡在满族小学学习而居于广州市区的满族学生，每学期缴纳的学杂费，由我会全数补助；凡满族小学的满族学生，不管居于任何地区，其民族成分只要是满族的，如被评为"三好学生"均按规定领取奖学金；每学年新入满族小学一年级的满族学生，由我会赠送名贵书包一个；每天下午课后4—5点，各级满族学生，由学校安排教师辅导复习，所需费用由我会负责。

（2）奖励优秀学生发放奖学金。凡在本市的正规大学、中学、小学就读的满族子弟，在新学年开课后的第一个星期

---

[1] 访谈对象：GJM，满族，1952年出生于广州市惠福路，1970年开始到广州市回民小学工作，1985年调到满族小学，先后担任教师、副校长和校长，历任越秀区第八、九、十、十一届政协委员，曾任广州市满族历史文化研究会会长；访谈时间：2017年7月10日；访谈地点：广州市满族小学；访谈人：关溪莹。

天带户口簿及有关证明（中小学凭"三好学生"证、大学生持各科合格证、应届考上大学的凭录取通知书）到我会领取奖学金（小学100元，中学120元，大学150元）。

（3）庆祝教师节聚会。每年教师节前夕，我会均邀请在本市大、中、小学和幼儿园的在职及退休的满族教师聚会（包括教师的满族姑爷及媳妇）。①

4. 敬老扶贫，做好满族坟场的管理工作

满族有敬老爱老的传统，老族胞是满研会的骨干力量。除了每月18日组织老族胞集体活动外，满研会每年农历九月初一给老族胞发放敬老金，"规定凡年满60岁的每人发给40元；70岁的每人60元；80岁的每人80元；90岁以上的每人100元（包括姑爷及媳妇）。"②对贫困族胞，每户每月定期发给100元。2017年开始敬老标准有所提高："规定凡年满60岁的每人发给60元；70、80岁的每人120元；90岁以上的每人200元，每年大约600位老族胞享受敬老金，九月初一这一天是最热闹的一天。"③满族坟场是1955年恢复建设的殡葬满族先人的公共坟墓。新中国成立后，故去的广州世居满族族胞大都聚葬于此。六十余年来，满研会为保存满族坟场、完善规章制度、强化管理做了大量工作。

---

① 《简介满研会各项工作要点及有关制度》，《南粤满族文集Ⅱ》，满族历史文化研究会内部资料，2002年，第253—255页。
② 访谈对象：GJH，男，满族，1953年出生，广州世居满族后裔，一直居住在满族的传统聚居区，在满族历史文化研究会工作了近二十年；访谈时间：2004年农历九月初一；访谈地点：妙吉祥室广州满族敬老活动现场。
③ 访谈对象：GJM，女，满族，1952年出生于广州市惠福路，1970年开始到广州市回民小学工作，1985年调到满族小学，先后担任教师、副校长和校长，历任越秀区第八、九、十、十一届政协委员，曾任广州市满族历史文化研究会会长；访谈时间：2017年1月31日；访谈地点：广州市惠福西路维也纳酒店广州满族春茗团拜会现场；访谈人：关溪莹。

5. 记录族胞生活，进行民族史研究

广州满族联谊会成立以来，先后编撰了《广州满族简史》《广州满族志》《广州满族研究资料汇集》《广州满族研究资料汇集补遗》《在改革开放中的广州满族》《满族工作五十年》《南粤满族文集》《南粤满族文集Ⅱ》《越秀区满族志》《民族与教育》《粤海满韵》《广东满族史》《驻粤八旗史料汇编》《广东满族》等书籍，不仅梳理了广州世居满族的史料，也不断拓展研究深度。此外，他们还编撰了三十余期《满族通讯》，定期出版《广州满族》，记录广州满族族胞的思想动态和生活状况。

（四）会员情况

2003年和2018年我们分别针对广州满族历史文化研究会的会员登记表进行了两次统计，将满研会的会员按照居住地、文化程度、年龄等指标列表，呈现出广州满研会发展的显著特征。

1. 会员数量增长显著，其分布呈现分散化趋向

表4.5 广州市满族历史文化研究会会员分布表（2003年10月统计）

	合计	越秀区	东山区	海珠区	天河区	荔湾区	芳村区	白云区	黄埔区	其他地区
人数	1321	472	182	215	77	231	22	42	9	71
占比	100%	35.7%	13.8%	16.3%	5.8%	17.5%	1.7%	3.1%	0.7%	5.4%

表4.6 广州市满族历史文化研究会会员分布表2（2018年7月统计）

	合计	越秀区（含原东山区）	海珠区	天河区	荔湾区（含原芳村区）	白云区	黄埔区	其他地区
人数	2283	875	588	170	370	208	12	60
占比	100%	38.3%	25.8%	7.5%	16.2%	9.1%	0.5%	2.6%

从 2003 年到 2018 年的 15 年间，满研会的会员数量由 1321 人增长到 2283 人，增长率为 72.8%，增长速度较快。从两表的对比可以看出满研会的会员分布更加分散。

第一个趋势是从中心城区向外围城区扩散。我们通常把越秀区（含 2005 年并入的东山区）、海珠区、天河区、荔湾区（含 2005 年并入的芳村区）称为中心城区，2003 年居住在中心城区的会员人数占全部会员人数的 90.8%；而到了 2018 年，居住在中心城区的会员人数占全部会员人数的 87.8%，会员在广州的分布更加分散。

第二个趋势是从广州满族传统居住地区向其他地区扩散。满族落广祖从 1756 年迁移到广州驻防，一直居住在越秀区的满城中，即今天的诗书街、纸行街和惠福西路一带。1911 年旗营解散后满族后裔与广州当地民众逐渐融合，仍然维持聚居习惯。历经新中国成立、"文革"和改革开放到 20 世纪末，世居满族聚居生活的模式渐渐被打破。从满研会的会员分布看，2003 年居住在越秀区和东山区的会员占全部会员的 49.5%，还是在一定程度上保持着聚居的生活习惯；在 2018 年，居住在越秀区（含原东山区）的会员占全部会员的 38.3%，在 13 年中下降了 11 个百分点，满研会会员从传统居住地撤离的趋势比较明显，这与前面关于满族族胞随广州城市建设自然散居的情况相吻合，也说明满族的传统聚居习惯进一步被打破了。

第三个趋势是在四个中心城区中，越秀区（含原东山区）和荔湾区（含原芳村区）不仅是中心城区也是广州原住民聚居的老城区，同为中心城区的海珠区和天河区是近年来发展较快的外来人口显著增长的城区。2003 年居住在越秀区（含原东山区）和荔湾区（含原芳村区）的满研会会员占全部会员的 68.7%，到 2018 年此占比降至 54.5%；而 2003 年居住在海珠区和天河区的满研会会员占全部会员的 22.1%，到 2018 年此占比提升至 33.3%。这一降一升说明了满研会的会员在外来人口较多的城区增长较快，不仅再次验证了广州世居满族的散居趋势，也显示出 21 世纪以来越来越多的从全国各地到广州学习、工作、经商的满族族胞加入了广州满族历史文化研究会，扩大了满研会的民族队伍。

2. 会员的文化程度显著提高

在 2003 年和 2018 年登记在册的满研会会员中，文盲、小学、初中文化程度的会员占比显著减少，高中文化程度的会员占比基本持平，具有大学和大学以上文化程度的会员占比显著增多，说明广州满族的整体文化素质提升较快（表 4.7、表 4.8）。据广州市统计局公布的第七次全国人口普查数据显示，广州市 25 岁及以上常住人口为 13188588 人，其中具有大学（大专）以上文化程度的人口为 3421169 人，占广州人口总数的 25.9%；具有高中（含中专）以上文化程度的人口为 3184626 人，占广州人口总数的 24.1%；具有初中以上文化程度的人口为 4637590 人，占广州人口总数的 35.2%；具有小学以上文化程度的人口为 1553280 人，占广州人口总数的 11.8%。[①] 在历史文化研究会注册的满族族胞中，具有大学和高中学历的族胞占比均高于同期具有大学和高中的广州市民在全市 25 岁以上居民中的占比；而具有初中和小学学历的族胞占比均低于同期具有初中和小学广州市民在全市 25 岁以上居民中的占比，说明广州满研会会员的受教育程度高于广州市民的平均水平。

表 4.7　广州满族历史文化研究会会员文化程度统计（2003 年 10 月）

单位：人	会员总数	文盲	小学	初中	高中	大学	大学以上
合计	1321	10	202	423	490	192	4
占比	100%	0.8%	15.3%	32.0%	37.1%	14.5%	0.3%

---

① 广州市统计局网站：《广州人口普查年鉴 2020（上册）》，第 368—387 页。

表4.8 广州满族历史文化研究会会员文化程度统计（2018年7月）

单位（人）	会员总数	文盲	小学	初中	高中（含职中、中师、技校）	大学（含大专、高职）	大学以上	不详
合计	2283	4	150	427	802	803	42	55
占比	100%	0.2%	6.6%	18.7%	35.1%	35.2%	1.8%	2.4%

3. 会员主体分布的年龄段拉长，平均年龄降低，呈现年轻化趋势

表4.9 广州市满族历史文化研究会会员年龄分布（2003年10月统计）

年代	人口总数	1920年前	1921—1930年	1931—1940年	1941—1950年	1951—1960年	1961—1970年	1971—1980年	1981年后
人数	1321	31	143	231	289	367	202	49	9
占比	100%	2.3%	10.8%	17.5%	21.9%	27.8%	15.3%	3.7%	0.7%

表4.10 广州市满族历史文化研究会会员年龄分布（2018年7月统计）

年代	人口总数	1920年前	1921—1930	1931—1940	1941—1950	1951—1960	1961—1970	1971—1980	1981—1990	1991年后
人数	2283	3	83	197	333	460	389	342	420	56
占比	100%	0.1%	3.6%	8.6%	14.6%	20.2%	17.0%	15.0%	18.4%	2.5%

2003年，出生于20世纪30年代至60年代的会员是满研会的主体，这四个年龄段的会员数量占全部会员数量的占比分别都在15%以上；而2018年，数量占比在15%以上的年龄段扩大到五个年龄段，即从出生于20世纪40年代到80年代。这说明满研会主体会员的年龄跨度加大了，不仅中老年人热衷于民族活动，从20多岁到70多岁都有不少会员活跃在满研会。另外，如果把表4.9和表4.10中的各个年龄段相对应地比较，我们发现，1920年代以前、1921—1930年代、1931—1940年代、1941—1950年代和1951—1960年代这5个年龄段的会员占比都显著减少，从1961—1970年龄段的会员占比开始增加，占比增加最多的是1971—1980年代和1981—1990年龄段的会

员。这说明在满研会中70后、80后的会员数量增长最快,甚至出现50余名90后会员。70后、80后人近中年,事业和家庭的负担最重,但是没有影响他们参加民族活动的热情;作为新新人类的90后也积极关注满研会,为广州满族发展注入新鲜活力。一方面,满研会会员的年轻化显示出民族社团的凝聚力和吸引力;另一方面也证明了随着社会进步、科技发展、民众文化素质提高,广州满族族胞的民族情结并没有消失,反而越来越多的青年人寄情于民族活动,希望在民族园地寻找心灵净土和精神家园。

(五)社会价值

陈延超将广州满族联谊会成立20年来所做的工作归纳为三个方面:依法维护满族继承和发展民族文化的权益,增强满族文化认同及自豪感,收集、挖掘和整理满族传统文化。[①]他强调传统文化是维系满联会的核心因素。在笔者看来,满族联谊会是改革开放以来广州满族族胞在当地社会进行文化重构的一座桥梁,而满族历史文化研究会使这座桥梁的文化根基更加稳固,桥身更加宏伟,社会影响力更大。从这个角度来审视,民族社团的作用从以下三方面凸显出来:

第一,满研会帮助满族族胞了解国家大事和国际形势。满研会章程规定其首要任务是"协助政府宣传和贯彻党的民族政策,组织、推动族胞学习时事政策,帮助族胞了解党和政府的方针政策"。在每月18日的老族胞活动中,首先要组织大家学习时事政策;每当发生重要政治事件,满研会都要召开专题研讨会或者座谈会,帮助族胞领会其精神。驻粤的两百余年中,广州世居满族民众的政治地位发生剧烈变迁,旗营解散后,他们从国家权力的代言人变成社会弱势群体,备

---

① 陈延超:《民族社团与都市少数民族传统文化——以广州市满族联谊会为例》,载中国都市人类学会秘书处编:《城市中的少数民族》,民族出版社2001年版。

受歧视，一度被推至社会的边缘，其后他们的政治命运几起几落，生活状况也随之起落，政治地位的变化直接影响了他们与当地社会的交流与融合。珠三角地区是改革开放的排头兵，广州的发展氛围非常良好。世居满族如果想借助这个大好形势壮大自己，必须建立自身与国家权力的良性互动。满研会宣传党和国家的方针政策，组织族胞了解国内外政治形势，通过这种方式提升族胞的国家认同。

第二，满研会密切了满族民众与广东省、广州市相关政府部门的联系。广州满研会的领导部门有广东省民族宗教事务委员会，广州市民族宗教局，广东省、广州市和越秀区各级统战部。每一次满研会有重要活动，这些部门都派代表参加。为了维护满族族胞的利益，满研会经常到这些政府部门反映情况，帮助族胞解决了很多实际问题。在访谈满联会创始人汪宗猷老先生时，他谈到拥有两百余年历史的满族坟场在改革开放后所遭遇的两次危机。一次是20世纪80年代末，广州市园林局、城市规划局发出《关于清理白云山风景区山坟的通告》，全面征用狮球山等处山地，勒令坟墓全部迁出；第二次是90年代初，修建麓湖高尔夫球俱乐部时再次征用满族坟场。汪老多次到上述部门反映情况，经过这些部门的协调才将满族坟场保存下来。满族小学也经历了同样的命运，满族小学成立以来，经过多次扩建才形成今天的规模。据前任校长关洁梅女士介绍，与广州市其他小学相比较，满族小学是一所典型的麻雀学校，操场和教学设备等硬件配备极为有限，2018年学校想扩大地址，把学校对面的土地利用起来，但是区里和周边单位不同意，担心影响文物古迹——六榕寺。经过满研会和学校共同请愿，由市、区的民政部门出面协调，后来将扩建地点改在惠福西路，占地3000平方米。尽管扩建面积少了些，毕竟给了满族小学新的发展机会，保障了它未来的发展。

改革开放以来，世居满族民众的居住格局已呈散居方式。与城市中的其他居民一样，他们在日常生活中只与工作单位和所居住的社区组织打交道，不再以一个整体的面目出现。但是这个群体要生存下去必须得到地方组织的支持和认可，满研会成为满族民众的群体代言人，解决他们与地方组织之间的纠纷，维护世居满族族胞的利益。

第三，满研会促进了满族民众与当地社会的融合。辛亥革命后，广州世居满族逐渐与当地社会交流，已经不存在任何通婚上的禁忌，家庭组合呈现开放态势。满研会的各项活动几乎都将族胞的配偶包括在内，如广州满族坟场管理办法中规定："广州市市辖区户口的满族族胞（含其他民族配偶），均可享受身后在满族坟场内安葬骨灰，以及由其亲属申请修坟、迁坟等权力。"[①] 满研会发放敬老金，不仅发给60岁以上的族胞，还发给满族的姑爷和媳妇。每年教师节前夕，他们都邀请在广州大、中、小学和幼儿园的在职及退休的满族教师聚会，也包括满族姑爷和媳妇。不仅吸纳本民族的族胞，还广泛联系他们异民族的配偶，这是满研会活动的一个特殊之处。家庭是社会的最基本组成单位，通过这种方式，满研会将满族家庭紧密团结起来，进一步完成其向广州当地民间社会的渗透，最大限度地争取资助和扩大影响。

2001年，广州满族联谊会更名为广州满族历史文化研究会，其宗旨是：拥护中国共产党的领导，遵守国家的法律法规，宣传贯彻党和国家的民族政策，对广州满族同胞关心的民族共通问题和本市满族历史文化和现实状况开展研究，振兴民族精神，为促进各民族紧密团结与构建和谐社会贡献力量。二十余年来，满研会继承了广州满族社团的优良传统，继续为广州的满族族胞工作，并在原来的工作基础上进行了三个方面的拓展：

---

① 汪宗猷主编：《满族工作五十年》，广州市满族联谊会内部资料，1999年，第204页。

一是扩招非世居的广州满族会员，协调世居和非世居族胞的关系。基于历史渊源和聚居传统，满研会的发起、筹办、建设都植根于广州世居满族族胞。2003 年满研会的 1321 名会员中，居住在越秀、荔湾、东山等三个老城区的有 907 人，说明世居满族成员在满研会占绝大多数比例。2003 年和 2016 年两次满研会会员统计数据显示，居住在越秀区（含原东山区）和荔湾区（含原芳村区）的满研会会员占全部会员的比例由 2003 年的 68.7% 降至 2016 年的 54.5%；而居住在海珠区和天河区的满研会会员占全部会员的比例由 2003 年的 22.1% 提升到 2016 年的 33.3%。这一降一升说明了满研会的会员在外来人口较多的城区增长较快。随着国家发展，越来越多满族族胞从东北、京津或者其他城市来到广州学习和工作，他们是广州的建设者，也是广州满族历史文化研究会的建设者。满研会领导多次强调扩大满研会会员的入会范围和条件，从原来的仅限于世居广州的满族居民扩展为具有广州户籍或者在广州有固定职业与收入的满族居民，并提出"特别要处理好'世居'和'后来'这两部分族胞的关系，增进民族团结，为民族团结进步事业作出新的贡献"。[①] 难能可贵的是一些世居老族胞也纷纷发言支持此举。可见，不拘一格吸纳人才，壮大广州满族社团力量是时代发展的要求，也是满族族胞人心所向。

二是将满族历史文化研究向专业化推进。以汪宗猷老会长为代表的广州满族族胞，克服了"文革"影响、资金短缺等困难，搜集、抢救、整理了很多民族文物，自觉地记录移民历史，为我们留下了一系列专著和资料集，比较完整地记录了满族落广祖及后裔在广州的生活轨迹。在此基础上，满研会对广州满族历史文化研究工作更加重视，

[①] 金玉阶、伍嘉祥：《新形势下做好城市少数民族社团工作的一些体会》，《广州满族》2015 年第 2 期，第 10 页。另《广州满族》2015 年第 3 期和 2016 年第 1 期的刊首语均有提及此观点。

在2011年办起了民族图书室；2013年建成广州满族文化陈列馆。100平方米的展室包括12幅字画、130件实物、200多幅照片图片和大量文字，完整地介绍了满族的产生、发展史和广州满族的来历、在广州的生活经历与真实现状，打造广州满族自我展示的窗口和品牌；2015年组织开办满族学习班。满研会扩大了文史部的研究队伍，聘请了一批研究员，通过组织考察、参加学术研讨会、到其他满族社团调研等方式积极开展满族历史文化研究，在会刊《广州满族》上开辟了《妙吉祥论坛》《八旗史话》等专栏，对满族传统文化、广州满族的文化变迁进行专业研究。

三是引导广州满研会跻身全国满族社团的大家庭。满联会时期，汪宗猷会长等满联会领导曾多次到满族发祥地东北三省寻根调研，也曾多次赴京津地区参加民族文化研讨会。满研会成立后，广泛开展与全国各地满族社团的互访学习成为满研会的工作常态。2010年以来，满研会多次到黑龙江、吉林、辽宁、福建等地与当地满族社团联谊，也接待了抚顺市、天津市、兰州市、荆州市、云南省的满族社团来访。2016年6月，第七届全国满族联谊会会长论坛在广州举行，来自全国各地30多个满族社团和科研单位的近百名满族人士和民族专家参观了广州满族文化陈列馆、广州市满族小学和广州满族坟场，充分肯定了广州满族的发展成绩，为满族与民族国家的共同进步献计献策。

民族社团在民族社会的运行中发挥着重要的作用，主要体现在对民族成员的利益整合、利益表达和政治动员，以及推动社会民主化、促进政府决策的科学性。[①]广州满族历史文化研究会将满族族胞的利益诉求整合起来，以合理合法的渠道表达。通过政治动员在民族成员

---

① 高永久：《民族政治学概论》，南开大学出版社2008年版，第108页。

中形成了稳固的凝聚力,也搭建了地方政府与少数民族对话、管理的通道,提升了国家民族决策和民族管理的科学性、合理性、有效性。

二、满族坟场:族群记忆与灵魂家园

(一)满族坟场概况

清代的八旗驻防制度由轮换驻防改为长期驻防后,清政府给驻粤八旗子弟指定了公共墓园,但是因为离满城较远,族人多未采纳,而是自发地将先人骨殖置于以白云庵为立足点的大、小北郊一带几处相对集中的区域。辛亥革命后满城解散,满人的坟茔无人监护,普遍被山匪盗掘。"因为满族妇女死亡后,多少总有一些殉葬物品,如发簪、耳环、手镯等,山匪视满人已为无告的遗子,对满人的坟墓大肆盗掘。"① 广州市政府并未理睬满族民众的诉求,造成非常恶劣的影响。

新中国成立后,国家因建设需要,征用满族坟地山岗。广州满族抗美援朝支会于 1955 年 11 月成立集体迁坟工作组,在有关部门帮助下将坟地迁至今天小北郊麓景路杉篢岗,正式设立广州满族坟场。初期迁入草坟 325 穴,按次序编号发给证明,他们还在坟场内竖立一座纪念碑。此后经过 1958 年和 1962 年两次扩建,增建了门楼,成立了坟场管理组,制订规章制度,聘请专人管理。② 60 年代广州推行火葬制度,不允许在小北郊再设坟墓,但是为了照顾少数民族有土葬习俗,政府特许在满族坟场内安葬火化后的骨灰。1996 年重阳节统计,满族坟场使用面积已达 1.3 万多平方米,共有墓穴 1688 座,用地已经遍及整个杉篢岗了。由于白云山管理局反对在坟场内添新坟,从 2015 年起,满研会只好采取"挂榜"方式安葬后入土之人,即便如

---

① 司徒瑞:《广州满人先茔被盗掘的惨剧》,载《广州满族文史资料选辑》第一辑,广州市满族联谊会内部资料,1963 年,第 101 页。
② 汪宗猷:《广东满族志》,广东人民出版社 1994 年版,第 147 页。

此，广州满族坟场目前墓穴达到1911座。①

如今，满族坟场坐落在广州名山白云山脚下，向南500米左右就是风景如画的麓湖，这里环境幽雅，鸟语花香。坟场坐西南向东北，面积约2400平方米。正面门楼高约7米，有两层起脊的屋檐，中间由北京满文书院院长爱新觉罗·宝森用满文题写"广州满族坟场"。入门20米进入庄严肃穆的墓道，由大约20级台阶和50米长的甬道组成。在墓道左侧有一个小山坡，上面坐落着由族胞罗卫国敬献的一座红顶的六角"怀祖亭"，供前来扫墓的族人休息、倾谈。墓道尽头又有一座六角小亭"思远亭"，由原广东省副省长李兰芳族胞命名题字，意为告诫后辈缅怀先祖，不忘故乡。旁边的石壁上刻有《广州满族坟场四十年经历记》和《捐赠人名录》。再往前是一座单层屋檐的门楼，进去之后迎面看到一座高5米的塔形墓碑，周围围着花岗岩围栏，碑上面竖刻"广州满族坟场"六个汉字，背面刻有1955年撰写的碑记，介绍坟场建立的过程。绕过墓碑就是坟场，整个山岗层层叠叠的墓碑，由直通山顶的260多级混凝土石级分成东西两区，排列整齐有序。

广州满族坟场由广州市满族历史文化研究会统一管理，设坟场管理组办理族胞安葬先人、修缮坟墓及坟场日常维护等具体事务，坟场建设费用及日常管理费用均在满研会经费内开支。《广州满族坟场管理办法》规定：广州市辖区户口的满族族胞（含其他民族配偶），均可享受身后在满族坟场内安葬骨灰，以及由其亲属申请修坟、迁坟等权利。入葬满族坟场要由安葬者亲属向满研会提交"满族坟场修（葬）坟墓"申请，入葬后要填写"广州满族坟场墓地登记表"，写

---

① 访谈对象：GXJ，广州市满族历史文化研究会工作人员，1952出生，自幼生长在广州满族聚居区，在满族历史文化研究会工作多年；访谈时间：2018年重阳节；访谈地点：广州市满族坟场；访谈人：关溪莹。

明入葬者的资料，后人的联系方式，在满族联谊会备案，才能够得到满族坟场墓地证明。入葬满族坟场无需交纳丧葬费和管理费，但是墓碑由联谊会统一制作，有低中高三档，价格由几百元到数千元不等。满族坟场的碑文有几种样式：

第一种是单人墓，如竖写"母××氏之墓"，左下书立碑者名字，右下是立碑或重修的日期。

第二种是双人墓，如平行竖写"妣×太安人、考××公墓"。

第三种是三人墓，如平行竖写"庶妣××氏、考××公、妣×氏合墓"。

第四种是多人合葬墓，有三到五个墓碑连在一起，如主碑平行竖写"庶母×氏、吴府君××、母×氏合墓"，两个侧碑分别平行竖写"吴母×氏、吴公××合墓"和"吴母×氏、吴公××合墓"。

满族人在选择坟茔地的时候都遵照靠山面水的原则，广州满族坟场背靠白云山，面对麓湖，也遵循了这一传统。满族有夫妻合葬的习俗，据史料记载，努尔哈赤的皇后死于1603年，葬于佛阿拉（今辽宁省新宾县永陵镇）附近的念木山，1629年迁至沈阳东陵与太祖努尔哈赤合葬；皇太极的皇后死于顺治六年（1649），于顺治七年（1650）"移梓宫至盛京"，与清太宗皇太极合葬于沈阳北陵。清军入关后，这种夫妻合葬的风俗在民间得到普及，同穴者只能是正妻，续娶者或媵侍只能附葬于其夫坟墓之侧。

广州满族依然保留着传统的夫妻合葬习俗。据笔者访问得知，广州的满族夫妻一人先故去，就在墓碑上刻出夫妻两人的名字，但是未亡人名字不上红漆。与满族传统葬俗不同之处，一是广州满族人与妻、续妻或者妾葬在一起，正庶差别不明显；二是广州满族坟场没有家族的祖坟，多是单人和夫妻合葬坟，近年来添了很多多人合葬墓，算是延续几代的家族坟，这与坟场的搬迁和面积有限有关，同时也体现出广州满族的家族观念比较淡薄。在东北的满族聚居地区，满族人死后要葬在祖坟的墓地中，墓地的坟排列形式由长及幼，成雁翅型，立祖中间，父子不同行。[①]广州满族的祖先来源于东北和京津各地，满族人的家族观念本来就不如汉族强烈，在旗营时期他们依从于八旗驻防的军事、行政组织形式，虽然从1756年到1911年的150余年间延续了几代人，但是八旗制度始终是主要的社会组织方式，家族体系并未充分发展，也没有发挥相应功能。1911年以后，旗营解散，满族族胞不仅摆脱了八旗驻防的行政体系，也脱离了为满城所限制的地缘关系，以个体家庭的形式谋生，家族观念越来越淡化。家族始终没有在广州满族民众的生活中发挥重要作用，其先人的坟墓多以个体家庭为单位，没有形成大规模的家族坟。

（二）清明、重阳祭扫习俗

清明节和重阳节都是满族族胞祭扫祖先陵墓的大日子，以下以2003年清明节和2018年重阳节为例简述满族族胞到满族坟场扫墓的情景。2003年重阳节，早上九点钟坟场的大门一打开，就陆续有族胞进入。他们大部分是广州居民，也有人从外地赶来，还有人专门从港澳和国外回来祭祀祖先。根据山林防火的有关规定，坟场里不允许烧纸，族胞们带来的祭祀用品有蜡烛、供香、水果、酒、糕点等，个别的还带来祭祖金猪。扫墓的一般程序是：先清理墓碑，包括除草、清洁等；然后摆放供品；接下来燃香和蜡烛，在墓碑正前方和两脚处挖有带泥土的小坑，每个坑里燃两支蜡烛和三支香；最后祭拜，以辈分、年龄为序，大部分人鞠躬，也有少数家庭行叩拜大礼。一时间整个山岗轻烟漫雾，人声嘈杂。

---

① 佟悦:《满族的婚姻、丧葬及其他风俗》，载富伟主编:《辽宁少数民族婚丧风情》，辽宁人民出版社1994年版，第37页。

来祭扫的人员有三种类型：有的是一个人来，匆匆上炷香即离去；有的是夫妻带子女同来，孩子小至学龄前、大到十七八岁的都有，父母子女先后祭拜，大家免不了感慨一番；最多的是家族中的部分亲属一同来扫墓，大家围靠在墓碑周围嘘寒问暖，融融亲情溢于言表，往往要倾谈几个小时才散去。据了解，有的亲属并没有事先约定，到坟场才聚到一起，扫墓过后又疏于联络了。来扫墓的人穿戴日常服装，很多人一身运动装束，好像是晨运、登山与扫墓一同进行。除了带来供品，很多家庭还携带了大量食物，似乎准备中午在白云山上野餐。这样嘈杂的状况一直持续到下午五点钟坟场大门关闭。据守门的阿婆讲，因为有的族胞从外地赶来，有的族胞没有空闲时间无法在清明正日子扫墓，所以在清明节和随后的两天，坟场里一直人满为患。

2018年重阳节，我们又来到满族坟场祭扫。坟场的位置和面积没有变化，族胞们扫墓的程序也大致一样。2003年以来的变化主要体现在：

（1）落葬方式改变　广州满族人口逐渐增多，但是满族坟场的面积并未增大，为了解决墓地短缺问题，从2015年开始坟场不再增加新坟，满族族胞故去只能以挂榜的方式将名字写到原有的家人的墓碑上。他们将墓碑下的石灰砖撬起，把骨灰盒葬入坟内，一家人的骨灰合葬在一个墓穴里，共用一块墓碑。

（2）坟场修缮　坟场面积虽未扩大，但是修缮和翻新工作没有停止，金玉阶会长向我们介绍2010年以来满研会花费十几万元对怀祖亭和思远亭进行了修葺和翻新。满族坟场更加整洁有序，体现出族胞对祖先栖息之地的尊重和爱护。

（3）严格管理　广州市满族历史文化研究会认真落实了一系列管理措施，确保清明重阳的祭拜活动安全有序：清洁环境，打扫墓园杂物，清理垃圾枯枝；在满族坟场悬挂横额，利用广播、宣传单等引领族胞文明拜山，杜绝香烛明火；加强安全保卫，两节期间安排多名工作人员在坟场大门口、小广场、山上等地方值班巡视，并得到白云山管理局、公安、园林等有关部门大力支持，派出人员到现场巡查，保证坟场秩序正常，族胞安全。①

（三）广州满族坟场变迁

满族坟场的发展沿革可以分成三个阶段：

第一阶段：辛亥革命前的自生时期

满族茔地是清朝统治者对驻防官兵实行军事控制、经济封锁、行政管理的一个重要手段，也是他们将满族民众与外界隔绝的一项措施。满族民众活着的时候在旗营的封闭环境中，受到严密监视；去世以后也一样聚集在阴间的旗营——满族坟场中。这种强加民意的"保护"有助于清朝统治者延续他们对远驻边陲的八旗兵丁的控制。满族坟场设置之初，他们对坟场的管理并不精心，坟场"虽然面积较大，但只立了界碑，又无设施，更无人管理"，八旗民众"因位置偏僻多不乐用"，而将"先人骨骸遍葬于北郊一带山岗"②，从而造成满族茔地的荒芜。这至少说明两个问题：第一，清朝统治者对八旗兵丁的控制逐渐懈怠，他们阻止满族民众与广州社会融合的力度越来越小；第二，满族民众对统治者强制他们与外界隔绝的政策日渐抵触，与当地民众融合的愿望越发迫切，族群的自我发展意识渐渐萌生。满族茔地这种无人管理、自生自灭的状况一直延续到新中国成立。

---

① 访谈对象：GJM，女，满族，1952年出生于广州市惠福路，1970年起在广州市回民小学工作，1985年调到满族小学，先后担任教师、副校长和校长，历任越秀区第八、九、十、十一届政协委员，时为广州市满族历史文化研究会会长；访谈时间：2018年重阳节；访谈地点：广州市满族坟场；访谈人：关溪莹。
② 完颜子强：《广州满族公共墓地的演变》，《满族通讯》第二十八期，1998年8月刊行。

第二阶段：新中国成立至改革开放前的重建阶段

1955年10月到11月间，为了响应国家号召，广州满族民众自发组织"集体迁坟工作组"，将坟场迁至今天白云山脚下的杉篱岗。此后，满族先人骨殖陆续迁入，老人去世后也葬入，甚至港、澳、台及海外满族同胞也带回先人骨灰葬入坟场，在1958年和1962年，满族坟场两次扩大面积。为什么在旗营时期不受满族民众重视的坟场，新中国成立后反而成为满族同胞安息之所？首先，广州满族的政治地位获得认可与提高，政府对满族的认同是族胞保留民族风俗习惯的前提。其次，地方组织对国家政策认真执行，对满族民众给以充分支持。1955年坟场搬迁时，广州市房管局为了照顾少数民族的风俗习惯，按国家规定拨给满族民众迁坟费2544.50元；1962年，政府规定白云山景区内不准再葬坟墓，唯有满族坟场是例外，且扩展至整个杉篱岗。① 地方社会对少数民族风俗习惯的尊重维护了他们的民族自豪感和认同意识，也使他们获得切实利益。再次，也是最重要的是这一段时期是族群重建的关键阶段。辛亥革命以后，广州满族在经济上失去"钱粮制"供给，政治权利没有保障，他们的民族认同和民族情感受到极大挫伤。满族民众对体现民族凝聚力的公益事业的诉求长期得不到满足。重建满族坟场实质是重建满族民众的族群认同，扩建满族坟场则是延续和发展满族民众的族群意识。这一切都是广州满族民众的自发行为，是族群文化体系的重建。

第三阶段：改革开放后的发展阶段

满族坟场在"文革"期间受到一定程度损坏。"由于乏人管理，又有人乘机在此'捞钱'，乱葬乱掘现象甚为严重，葬入约有20%与满族无关的骨殖"②，坟场的门楼在1972年几乎倒塌，日常拜祭和清

---

① 汪宗猷主编：《广州满族志》，广东人民出版社1994年版，第147页。
② 汪宗猷编著：《广州满族简史》，广东人民出版社1990年版，第139页。

明、重阳两次扫墓很少人参与。粉碎"四人帮"之后,民族政策重新得到贯彻,广州满族人的丧葬习俗受到尊重,满族坟场迎来大好发展机遇。广州满族联谊会成立满族坟场管理委员会,建立申报制度,制定管理条例,对非法葬入的与满族无关的坟墓做出处理,重建了一座门楼,将坟场分成四个区,大力加强坟场内外的绿化工作,使满族坟场成为一座静谧幽雅、设施完备的民族墓园。拜祭先人的满族族胞络绎不绝,这里成为广州满族民众缅怀先辈、增进民族情感、对后人进行民族教育的最佳场所。

这一时期,满族坟场的祭扫活动呈现出鲜明特色。首先是世俗化倾向,祭拜祖先不再像传统社会那般程式化,遵守诸多禁忌,而是与民众的日常生活紧密结合。上山扫墓已经不是满族族胞的什么特别安排的活动,而是与晨运、郊游并置的一个活动内容,成为民众日常生活的组成部分。其次是复合化倾向,满族坟场不仅是扫墓、祭奠的地方,还是亲属聚会的特定场所,用他们自己的话说:"每年两次在坟场中碰面,回去后就少联络了。"[①] 每年清明和重阳前后,平时疏于联系的家人在先人墓前倾谈、聚会,整整驻足一个上午,祭拜祖先的特殊情境拉近了族胞间的距离,增强了亲情,也增强了满族族胞间的联系与互动。

(四)广州满族坟场发展的启示

满族坟场是广州市区唯一一座墓园,政府对满族的优待政策给满族族胞带来切实利益,否则他们只能与别人一样将墓地设在远离市区的指定墓园。在这种情况下,族胞们乐于彰显自己的民族身份,并且以拥有满族人的特权为幸事。另一方面,在广州生活了260余年的满

---

① 访谈对象:到满族坟场扫墓的满族族胞;访谈时间:2018年重阳节;访谈地点:广州市满族坟场;访谈人:关溪莹。

族族胞虽然经历了时代的风雨磨难,几起几落,但是族群认同并未消失,以此为基础的族群文化调控机制不断顺应环境,采取文化适应策略。共同的语言、生存地域、经济生活乃至大部分风俗习惯都消亡了,他们只有依靠有限的几个场域、几项活动来维系民族认同,满族坟场即是其中之一。

斯蒂文·郝瑞认为,"长久以来,对民族性的几种规范性解释不是遵循原生论的逻辑,就是遵循工具论的逻辑。前者主张民族性是具有共同世系和共同文化的民族情感的产物,后者主张民族性是在一定的社会背景中为了群体利益而进行的社会实践的产物。近来,一些学术权威把上述两种学术趋向结合起来,认为只有在可行的原生认同与可见的工具利益汇合时,族群认同才会产生"。①

通过对广州满族的研究,我们发现当"可行的原生认同"与"可见的工具利益"汇合时,广州满族的族群认同获得彰显,族群凝聚力不断提升,反过来持续促进了满族坟场的发展,为广州世居满族的发展壮大争取到更多机会。

现实世界中的"满城"已经消亡,广州满族坟场成为满族族胞想象的家园,这里是现实与传统交汇的地方,是历史记忆的演映场。没有了共同语言、共同生活区域和经济生活的满族后人依然可以在这里重新凝为一体,找到令他们安逸、平静的心灵之源。"人们通常在社会当中借助与群体或社会的关系来获得他们的记忆,而且记忆总是存在于特定的集体框架之中,并由此得以重建过往的意向。"②满族坟场

---

① [美]斯蒂文·郝瑞著,巴莫阿依、曲木铁西译:《田野中的族群关系与民族认同——中国西南彝族社区考察研究》,广西人民出版社 2000 年版,第 26 页。
② 莫里斯·哈布瓦赫著,毕然、郭金华译:《论集体记忆》,上海人民出版社 2002 年版,第 71 页。

是维系满族族群认同的重要环节,是广州满族在现代社会保持族群独立和个性的见证之一。

三、满族小学:民族情结的保护与延续

(一)满族小学的发展沿革

1946年,鉴于满族子弟失学现象严重,部分知识分子在满族镶红旗的支持下,拨出光塔路的宗祠做校舍,开办国光小学,由汪宗猷担任校长。起初,全校只有6个教学班,专职教职员8人,学生109名。学校制定了学校信条、教职员管理细则、管理学生办法及教职员请假办法等比较完备的规章制度。学校信条是:"一、协助政府推进普及教育;二、刻苦耐劳肩负教导儿童之责任;三、严格训练学生稳固基础教育;四、确信教育是神圣之事业;五、打破学校商业化之观念。"[①]

从这一宗旨来看,国光小学的创办并没有显示出民族意识和复兴民族精神的理念,而把教育学生作为一种社会责任。但是,国光小学成了广州世居满族的联络地点,以满族同学为纽带将满族族胞凝聚在一起。

新中国成立之初,国光小学部分满族家长李国、吴海安、俞博施,以及满族镶红旗代表人士汪玉麟、佟直臣、汪玉泉等常到国光小学与学校领导人汪宗猷、李剑晖等讨论满族问题,自发地形成一个核心小组。[②]1952年11月,广东省召开第一届民族工作会议。从11月24日到29日的六天会议时间里,不少满族民众每天都到国光小学了解情况,国光小学无形中成为临时联络站。[③]1954年满族群众正式接

---

① 《私立国光小学教师手册》,1947年制定,广州满族联谊会内部资料。
② 汪宗猷主编:《满族工作五十年》,广州市满族联谊会内部资料,1999年,第5页。
③ 同上书,第8页。

管"妙吉祥室"(观音楼)之前,满族小学一直是满族族胞集会、开展民族工作的地点。

1954年11月,满族族胞将国光小学全部财产献给政府,由教育部门统一领导和管理,政府随即拨款修建校舍后座,改善教室;同时每年拨给少数民族教育事业费,补助满族学生服装及学习用具。到1956年,在国光小学就学的满族学生有322人,占全校学生总数的64.15%。1956年8月,在满族群众的要求下,广州市教育部门将国光小学正式改名为"广州市满族小学"。1966年满族镶红旗族胞无条件地献出房产(即该旗宗祠)作为学校扩建用地,满族小学校舍从200平方米扩建到1800多平方米,四层教学楼,有教室20个,活动室9间,中型操场一个,学生人数最多时达到1140余人。①

1979年9月1日,广州市教育局批准恢复少数民族教育事业费,重申满族小学可以不受地区限制,在全市招收满族学生。1980年6月满族小学举行建校34周年校庆,广州市、越秀区各级领导和历届师生1500余人出席了大会,多家新闻媒体予以报道。校庆活动宣传了民族政策,扩大了社会影响,彰显满族小学各项工作蒸蒸日上的新风貌。

在教学上,满族小学从1955年起用普通话教学。学校深入开展教学改革,进一步提高教学质量,多次举行全区性的公开教学,培养出一批在国际、国内获奖的优秀学生。到1990年代中期,满族小学历届毕业生有4000多人,分布在政府、工商、文教、卫生、体育、文艺等系统工作,有各条战线的先进人物、知名人士,也有在海外创业的企业家。② 进入21世纪,广州市、越秀区政府部门为学校征地、

---

① 广州市越秀区满族志编写组编印:《越秀区满族志》,越秀区地方志办公室内部资料,第85页。
② 汪宗猷主编:《广东满族志》,广东人民出版社1994年版,第99页。

建设、改造共投入了7000多万元。2009年满族小学与大德路小学合并，建设成一校三区（光塔校区、大德校区、象牙校区）。截至2022年年底，学校总占地面积8039平方米，共有23个教学班，学生总人数930人，少数民族学生105人，占11.29%；满族学生95人，占10.21%。教师总人数51人，高级职称1人，中级职称41人，初级职称9人。其中，广州市名教师1人，广州市优秀教师5人，广州市优秀班主任8人，广州市"十佳"少先队辅导员1人、广州市优秀少先队辅导员3人、越秀区名教师2人、越秀区教坛新秀3人。广州市满族小学先后被命名为"广州市民族团结教育先进学校""全国民族团结进步模范单位"。[①]

（二）满族小学与满族族群认同

善于向先进民族学习是满族的重要民族品格之一。随着时代的发展，这种品格转化为重教风尚，这赋予满族小学保存民族血脉的神圣色彩。2003年和2016年，我们两次到满族小学调研，尽管从表面上难以分辨出满族小学与广州其他小学的不同之处，但是深入到满族小学师生的生活当中，民族氛围很快显现出来。

（1）2003年满族小学调研情况

从师资配备上看，满族小学优先接受本民族的师范毕业生来校工作。2003年满族小学有满族教师7人，分别教授语文、数学、音乐、美术等科目，其中两位老师不是师范院校毕业，通过民族政策到学校来当老师。从课程设置上看，2003年起，满族小学编印了《民族教育读本》，介绍中国各民族的历史、风俗习惯、英雄人物，让学生了解民族概况，这一良好的民族教育传统延续至今。满族学生在学校里享有一些优惠政策，每个年级的1班集中安排满族学生，配备优秀教

---

① 广州市越秀区人民政府网站 http://www.yuexiu.gov.cn/ggfw/ztfw/jy/jyjgyl/xxjy/content/post_8720084.html。

师和最好的教室；满族学生在学校交学杂费155元/年后，可以到满研会去报销；满族学生不是按地段进到学校来的，在午餐、午休和留校的时候都对他们有特殊照顾，午休、放学留校都不收满族学生的费用；升学方面，在1998年以前，小学升重点中学的推荐生，在同等条件下，优先考虑民族学生，而且没有上分数线的学生，有一个民族学生的推荐名额。

满族小学在广州满族民众中一直享有良好声誉。在笔者的访谈对象中，几乎60岁以下的人都在满族小学读过书。由于广州世居满族的居住地越来越分散，2003年学校中满族学生人数仅占学生总数的12.8%，但是满族小学对于维系满族民众的族群认同，促进满汉民众之间的交流互动起到不容忽视的作用。

2003年9月，我们对满族小学五年级一班的37名学生进行了访谈调查。这37名学生中有汉族生28人，满族生9人（表4.11）。

首先，9名满族同学中有8人从家里认识满族，确认了族群身份，说明在广州世居满族民众的家庭中族群意识比较浓重；大多数汉族学生在学校里了解满族，可见满族小学在弘扬满族文化、促进满族与广州民间社会交融方面仍然发挥着重要作用。

其次，在满族小学中，满族教师和学生的族群身份得到自然而然的彰显和认同，他们乐于向外界展示自己的族群身份，尤其是满族教师，会有意识地向学生显露自己和满族同学的族群身份，也比较器重本民族的学生；满族同学彼此介绍，有民族自豪感，而汉族学生对满族同学也敬慕有加。满族小学对培养满族青少年的族群意识起到良好作用。

再次，在回答"你身边的满族同学和汉族同学有何不同"时，在37名同学中有35名同学肯定了满汉同学之间的差异，这种差异主要体现在学校和老师对满族同学有特殊的待遇，比如学费可以报销，留校时不

表 4.11　广州市满族小学学生访谈调查统计表

调查问题	回答情况
1 你从哪里知道满族?	9 名满族学生中,从家里得知(8 人),从满族同学处得知(1 人); 28 名汉族同学中,从学校的老师和同学处了解满族(21 人);从家人处得知(4 人);从媒体上得知(3 人)。
2 是否知道哪位同学是满族?	知道(36 人);不知道(1 人)。
3 是否知道哪位老师是满族?	知道(32 人);不知道(5 人)。
4 你从哪里得知谁是满族?	老师告诉大家(23 人);满族同学自己说的(10 人);听其他同学讲的(4 人)
5 你认为学校里的满族同学和汉族同学不同吗?	有不同(35 人);没有不同(2 人)。
6 你对满族人的印象是什么?	有教养(19 人);勤劳(15 人);勇敢(12 人);懒惰(5 人);凶狠(2 人);聪明(1 人);落后(1 人);无印象(9 人)
7 你对自己是满族感到自豪吗?	自豪(6 人);无所谓(2 人);没有想过这个问题(1 人)。

必交费用,老师对满族同学另眼相看等。此外,无论是汉族还是满族同学对满族人的印象都是正面居多,集中在有教养、勤劳、勇敢等方面。

访谈调查显示出满族小学是培养广州世居满族后代的族群认同的园地,满族民众的民族情结在这里得到彰显,这也是广州满族族胞一直对满族小学倍加珍惜和支持的原因。

(2) 2016 年满族小学调研情况

2016 年 11 月,我们再次到满族小学调研,满族小学的满族学生数量越来越少,目前大约占全校学生总数的 3%。他们依然享有民族身份带来的权益,如有广州户口的满族适龄儿童可以不受地段限制入读满族小学,满族小学的非地段生要缴纳 3 万元赞助费,但是满族学生不受此限,无论居住在哪里都可免赞助费入读满族小学;每个年级的满族学生依然被安置在同一个班级;广州市满族历史文化研究会秉承尊师重教的传统,坚持每年开展庆祝教师节活动,为满族小学的满族教师送上慰问金,并设立专项基金奖励满族"三好学生"。满族学生在满族小学不再享受午餐、午休和留校的特殊待遇,"满族学生已经节省了 3 万元赞助费,午餐午休留校就自行安排了"。[①] 与十余年之前相比,满族学生的数量减少了,但是学校给予满族学生的特殊待遇一直留存。在社会日新月异的发展进程中,满族小学给予满族后代的关心和照顾一直温暖着广大族胞。

随着广州世居满族居住区域越来越分散,满族小学的满族学生数量越来越少是正常现象,但是这所学校依然以民族团结教育为办学特色,立足于校情,以"弘扬民族精神,立德修为"为立校之本,精心打造民族教育品牌。首先,2003 年编印的《民族教育读本》一直延续着对全校学生进行民族教育的传统;其次,学校充分利用春节、清明节、端午节、中秋节等传统节日开展中华民族传统文化主题教育;再次,学校注重在学生歌咏比赛和文艺演出等校园活动中穿插民族教育元素,凸显民族学校特色,如活动主持人身着满族传统服装,在全区艺术展演中,排演了节目《满族魂》代表学校参加经典诗文比赛;越秀区民族宗教事务局与民族团结进步协会每年六一儿童节都会为满族小学送上节日慰问金和为少数民族学生送慰问品。

---

① 访谈对象:GJM,女,满族,1952 年出生于广州市惠福路,1970 年开始到广州市回民小学工作,1985 年调到满族小学,先后担任教师、副校长和校长,历任越秀区第八、九、十、十一届政协委员,时为广州市满族历史文化研究会会长;访谈时间:2016 年 10 月 9 日重阳节,访谈地点:满族坟场;访谈人:关溪莹。

满族小学只是广州近千所小学中的一所,学校一方面延续了满族好学重教的优良传统,另一方面从童年时代即为满族族胞营造出民族氛围。在广州世居满族的节日聚会和民族活动中,老族胞们好像同学聚会一样,既感到亲切又觉得开心。满族小学使满族族胞从个体社会化开始,其族群认同即得到强化,这是维系满族族群认同的有力举措。

第三节 族群传统节日的现代演绎

春茗是广州世居满族的节日,在农历正月初四,这与广州当地的习俗差异比较大,满族族胞的说法是:"现在说不要四,都跟香港学,说四的谐音是死。但我们那个四是双喜。我们每年年初四还是老规矩,节日'春茗',放假日,好日子。"[①] 这个大年初四聚会的老规矩在东北满族和京旗满族中都没有记载,应该是落广祖迁到广州以后形成的习俗。广州满族民众在每年正月初四举行全族聚会,这是他们最隆重的节日,得到满族族胞的认同,形成一套固定的程序。下面以2002年2月15日(正月初四)的春茗聚会为例,探究这个现代节日具有强大感召力的原因和它的现实功能。

参加这次春茗聚会的共三百多人,有广州满族的全国、省、市人大代表、政协委员,全国、省、市劳动模范、先进人物,科技界、医务界、教育界、工商企业界的知名人士和满族群众代表;另有部分汉、回、瑶、壮、朝鲜、蒙古、土家等民族的代表也应邀出席。

首先由83岁高龄的广州满族联谊会会长汪宗猷先生致词。2001年10月广州满族联谊会更名为广州市满族历史文化研究会,汪老说这标志着广州满族工作进入一个新的阶段。满研会的宗旨仍然是继续

---

① 访谈对象:GXX;访谈时间:2002年11月19日;访谈地点:广州市满族历史文化研究会;访谈人:关溪莹。

宣传和贯彻党的民族政策，为族胞办实事办好事，同时整理驻粤八旗史料，研究和探讨满族的沿革和文化艺术，更进一步挖掘和研究广州满族的历史文化遗产。然后，广东省和广州市民政部门的领导陆续讲话。他们代表党和政府向满族同胞拜年，表示将一如既往地支持满族工作，希望满研会在原有工作基础上继续团结满族族胞，研究满族的历史文化，做出更好的成绩。会上还专门慰问了几位做出突出成绩，有一定社会影响的老族胞，如郎筠玉、赵珍、关婉云和傅蕴华等；又慰问特困族胞十四人（由香港族胞李毓澳赠送每人三百元）。

在接下来的联欢会上，满族族胞及嘉宾表演了文艺节目。节目不多，参加人数颇众，其主题都是高扬主旋律的。节目单如下：

（1）粤曲小唱《党的恩义万年长》演唱：综合组

（2）小组唱《走向新时代》演唱：综合组

（3）女生小组唱《不爱红装爱武装》演唱：综合组

（4）粤曲独唱《夜撰红楼梦》演唱：谭玉筠

（5）歌舞:《爱我中华》表演：满族小学

聚会进行到这里，会场的气氛很热烈，大家边吃边欣赏表演。在表演中不断穿插抽奖，掀起了春茗聚会的高潮。在主席台上摆满了单位及个人赠送的抽奖礼品，礼品清单如下：

（1）香港族胞傅坤先生捐赠：玻璃罩金马一座、足金吊坠一个、足金项链一条、海尔21寸彩电一台、步步高VCD一台、快译通一台、理光照相机一台（附手表一只）、电饭煲一个、电子煲一个、彩色瓷花瓶一个、工艺品彩色水晶鱼一条、时钟台灯一座、消毒柜一个、丝绵被（连套）两床、电磁炉一个；

（2）广州市珠江钢琴集团有限公司总经理童志成捐赠：玻璃罩金马一座、足金吊坠一个、足金项链一条、海尔21寸彩电一台、步步高VCD一台、快译通一台、理光照相机一台（附手表一只）、电饭煲一个、电子煲一个、彩色瓷花瓶一个、工艺品彩色水晶鱼一条、时钟台灯一座、消毒柜一个、电磁炉一个、拉舍尔毛毯一张；

（3）广州市大同琴行董事长佟炳才捐赠：金饰马一座、足金吊坠一个、快译通一台、名贵羊毛毡两张、拉舍尔毛毯四张、彩色毛巾被两条、荷花蚊帐两床、电磁炉一个、煤气炉两个、不锈钢水壶一个；

……

如此丰厚众多的礼品，增大了中奖面，不断有人在大家艳羡的欢呼声中登台领奖，即使屡抽未中者最后也会得到精美的礼物，可谓皆大欢喜。

一年一度的盛大春茗聚会，满族族胞齐集一堂，并邀请政府与广州当地其他民族参加，一次次地向社会彰显自己的民族身份。关于族群的文化身份，我们可以将其分为两个层次。第一个层次将文化身份定义为一种共同的文化、集体的自我，它反映共同的历史源流和享有共同的文化符号，在充满动荡、多变、断裂的现实世界中，这种历史和符号为传统族群提供稳定的、恒常的和连续的意义框架。广州世居满族利用口承文学和满族坟场揭示和表达的正是第一个层次的文化身份，但是我们不能长久地谈论历史和符号而不承认文化身份在现代社会的断裂与非连续性。在第二个层面上，文化身份既是存在的又是变化的，它不是定格在某一本质化的过去，而是屈从于历史、文化、权力的不断模塑，这种模塑绝非对过去的纯粹复原，而是一种新的创造。"春茗"正是被制造出来用以确认广州世居满族文化身份的节日。

在"春茗"进行过程中，任何传统仪式诸如祭祖、行礼、娱神戏都取消了，取而代之的是政府领导讲话、满研会工作总结和满族族胞自娱自乐表演节目，在仪式由传统向现代的转换中唯一不变的就是这些内容所围绕的核心——广州满族的发展与兴盛。满族成为一个符号，它附着在民间传统节日和现代仪式的融合点上，形成跨地区动员的巨大力量,将广州满族族胞紧密团结在一起。另一方面,我们不能不重视春茗庆祝活动中丰厚的奖品对满族民众的吸引力,民族符号对族胞的感召力由精神普及到物质,使民众享受到实实在在的民族福利,这是春茗节日深入人心的重要原因之一。

年复一年,每个大年初四,满族族胞都兴高采烈地参加春茗聚会,国家权力利用这个节日加强对异质民族的联络,进一步稳定人心,维护政局稳定;满研会利用这项活动加强与地方组织的联系和互动,提高自身的号召力和凝聚力,促进满族与广州当地社会的融合;对于广大满族族胞来讲,在春茗节日中一次次强化民族符号帮助他们寻找家族的历史记忆,从而获得归属感,使他们在瞬息万变的现代社会得以确认身份。在这一时刻,国家权力、满族社团组织和满族民众一次次地重新解释、革新和运用这个民族符号,在共谋中他们各取所需,这是"春茗"具有强大生命力的现实原因。

王铭铭将现代仪式分为官方仪式和民间仪式,认为他们之间长期以来存在一种互相指责的关系:"急于把民心统一到民族—国家的振兴事业上来的政府机构,把那些分散于家庭和地域性社区、分散于祖先和地方神身上的仪式活动看作是'现代化的障碍',是现代文化以前的'残存文化'。可是,对于把关注点主要放在整体的、超家庭的民族—国家利益和象征上的官方仪式,民间却也时常表现出淡漠的态度,似乎这些东西与人们的日常生活关系不大,反而是祖先和地方神是他们日常生活的保护者。"[①] 在春茗节日中我们感受不到官方与民间互相抵触的张力,相反,两者都从仪式中获得利益与满足,仪式促进了他们的融合。这其中起关键作用的是广州世居满族的自我发展意识,他们不是仪式的被动承受者而是主动发起人,他们根据自身的需

[①] 王铭铭:《逝去的繁荣——一座老城的历史人类学考察》,浙江人民出版社 1999 年版,第 19 页。

要将传统仪式转换到现代场景中,设置官方与民间对话的语境和互惠的模式,国家权力与满族民众因此建立了新型的联系方式,达到强化族群认同、增强族群凝聚力的目的。按照格拉德尼(Gladney)的观点:"族群在以对话方式与国家机器互动时具备自身的力量和韧性。"①彭兆荣在研究福建宁化县石壁村的客家公祭仪式时,认为这一仪式诠释了族群生存策略的基本方式。②他们都认识到族群不是被动地适应国家权力和外部环境,而是在不断地寻求自我发展。广州世居满族是一个比较成功的例子,换一个角度来讲,国家权力如果要利用族群认同来实现跨地域动员与凝聚,制定民族政策是初级阶段,只有充分发挥族群的能动意识才能收到最佳效果。

第四节　族群精英的重要作用

在广州世居满族的发展历史中,民族精英起了重要作用。在《驻粤八旗志》卷二十二《忠义列传》和《懿行列传》里,收录了67位满族旗营中的优秀分子,他们是保家卫国、传承民族文化、尊奉伦理道德的楷模。即便在广州世居满族各方面均处于最低谷的民国时期,仍然有一批热心民族事务的中坚分子为满族的存续而奔走操劳,如保护观音楼、筹建"妙吉祥室"的老中医傅星垣,广州市国光小学的校董会董事长汪玉麟,编制镶红旗名册、被誉为满族"活字典"的佟直臣,创办满族小学并担任主要领导职务的汪宗猷、李剑晖夫妇等。新

---

① Dru C. Gladney, "Muslim Chinese," Council on East Asian Studies, Harvard University, 1991. 引自潘蛟:《民族认同理论及彝族认同的建构》,第二届国际彝学讨论会论文。德国,特里尔,1998年6月。
② 彭兆荣:《实践于历史与想象之间——客家族群性认同与宁化石壁公祭仪式》,《思想战线》2001年第1期。

中国成立后，汪宗猷、佟直臣、关培、佟顺、朗秀萍、舒仲玑、吴润生、俞博施、关天荣、郭凤祥、关向欣等族胞在民族社团中尽心尽力地工作，在满族民众生产自救、民族社团管理、满族小学复建、满族坟场搬迁和管理、满族历史文化研究、满族民俗和民间文艺挖掘展演等方面做了大量工作。他们只获取很少报酬或者完全义务劳动，以真挚的民族情感为族胞服务，他们的无私奉献和感召力是凝聚广州世居满族的重要因素。①

作为广州世居满族的核心人物，汪宗猷的一生是为民族事业鞠躬尽瘁的一生。1919 年，汪宗猷出生在广州，时值社会动荡、广州满族遭受民族歧视的时期。汪宗猷的青少年时期历尽生活艰辛，他勤敏好学，但是读完小学即因筹措不到学费只能辍学。他从事过多种辛苦的工作，在动乱年代寻找一切机会进补习班，进夜校，一直坚持自学。抗日战争胜利后他见到满族子弟失学甚多，想起自己无奈辍学的经历，于是向满族同胞提出建议，利用镶红旗宗祠开办一所满族子弟学校，于 1946 年建立了"广州市私立国光小学"（满族小学前身），对满族学生减免部分或者全部学费，帮助失学的满族适龄学童重返校园。

新中国成立之初，汪宗猷以国光小学校长的身份代表广州满族参加了广州第一届民族工作会议，广东省民族事务委员会宣布满族正式恢复为少数民族。汪宗猷感到做好民族工作义不容辞，开始投身于广州满族建设。会后他组织满族族胞筹办民族社团，学习国家政策，进行生产自救，保护满族民俗。即便在被下放时期和"文革"阶段，他依然心系满族，默默地关注民族工作。"文革"结束后，在汪宗猷等族胞的争取下，1984 年 9 月 18 日广州市满族联谊会正式成立，随后召开广州市满族第一次代表会议，77 位满族人士代表散居在广州的

---

① 汪宗猷主编：《广东满族志》，广东人民出版社 1994 年版，第 150—201 页。

3000多名族胞选举产生了满族联谊会理事会,汪宗猷当选会长。在随后的25年中,汪宗猷作为广州满族社团的主要负责人尽心尽力地为族胞服务,即便在耄耋之年仍然无偿参加满族历史文化研究会的组织领导工作,为广州满族的发展贡献了毕生精力。

在父亲的感召和影响下,汪宗猷的七个子女一直关注广州满族的发展,"我们七兄弟姐妹,在父母亲的影响下把满族小学当成自己的另一个家。从小我们都就读于满族小学,长大后也十分关心满小的建设,参与学校的校庆、捐助办学经费、赠送教学用品。我们的儿孙也受到祖辈的影响,现在我们汪家第四代已经回到满族小学就读"。[①]

汪宗猷为族群发展无私奉献的精神也感染着其他族胞。"我们从小就知道汪宗猷为我们满族人做了很多事,他不为名不为利,我们都很敬重他。现在我们在满研会为民族工作是理所当然的。"[②]这样热心民族事业的族胞还有很多。2009年金玉阶接替汪宗猷担任满研会负责人,2016年关洁梅接过满研会主任的重任,2019年关尚持继续主持满研会工作,还有在满研会驻会工作了二十多年的关雪娟、关锦洪、历届满研会领导班子和理事会成员,他们来自各行各业,居住地散布在广州各区。很多族胞为满研会工作不收取报酬,还经常慷慨解囊以缓解社团经费之不足。

高永久从凝聚民族力量、维护民族利益、协调民族关系、激发民族政治热情、推动社会政治改革等五个方面概括民族政治精英的作

---

① 访谈对象:WWJ,汪宗猷之子,在满族聚居地长大,现任广州某大型民营企业总经理。访谈时间:2011年10月29日;访谈地点:广州市越秀区惠福大酒店广州市满族小学建校60周年座谈会现场;访谈人:关溪莹。
② 访谈对象:GJH,1958年出生,广州世居满族后裔,在满族聚居区长大,在广州满研会驻会工作近20年,为族胞做了大量工作;访谈时间:2016年重阳节;访谈地点:广州市满族坟场;访谈人:关溪莹。

用。① 周平认为，"正在形成中的民族感情和民族意识经过民族精英的加工，尤其是经过在当时明显拥有文化霸权和话语霸权的民族知识分子的概括整理和理论论证从而系统化、理论化后，就逐步演变成为完整的思想体系"。② 在广州世居满族的族群建构初期，民族精英身先士卒，有力地发挥了表率和凝聚作用；在战火连天的动荡年代，广州世居满族陷入低谷，民族精英的作用尤为显著，他们不惜代价甚至冒着生命危险抢救族群文化遗产、延续族群血脉；在新中国成立后的族群恢复阶段，他们克服重重困难保护族群组织，矢志不渝地维护族群凝聚力；改革开放以来，他们在政府与满族族胞之间搭建了一座桥梁，协助国家把政策指令传达到族群中，帮助少数民族族胞了解族群外的世界，使他们不囿于个人利益得失，积极投身于国家建设。广州世居满族的发展实践证明了民族精英的确在少数民族发展和现代化的过程中发挥了重要作用。

第五节 少数民族族群的现代建构

改革开放以后，国家建设进入全面复兴的伟大时代。国家的发展是我国所有民族共同建设的成果，无论生活在民族聚居区的少数民族还是散杂居在城镇中的少数民族都面临着与时俱进的课题。以广州世居满族为例，在当代社会他们已经没有族群团体性质的经济生活，其经济领域的现代化与广州社会同步；在民族政策的保障下，他们与全国各族人民享有平等权利；他们基本呈散居状态，生活方式与广州当地民众的生活方式趋同，这方面的现代化也是同步进行。那么，如何解析这个城市散杂居少数民族的现代建构？他们需要建构一种与国

---

① 高永久：《民族政治学概论》，南开大学出版社2008年版，第123—128页。
② 周平：《民族政治学》，高等教育出版社2007年版，第237页。

家、与当地社会的协调互动，能够自我创新和自我发展，积极融入广州现代化进程的新型族群发展模式。

一、强化族群认同

广州世居满族进行现代建构的核心环节是强化族群认同，他们强化族群认同的活动有三个中心点：满族历史文化研究会、满族坟场和满族小学。围绕这三个中心点，他们强化族群认同的手段可以概括为以下四条途径：

（一）通过周而复始的节日和仪式确认族群身份

广州世居满族的节日分为族群节日和公共节日两种。族群节日有天仓节、颁金节和春茗。天仓节是满族的传统节日，现在东北满族仍然在"农历正月二十五大天仓节，盛一碗黄米饭放在粮仓里，祈祷五谷丰登"。[①] 广州满族中的天仓节简化为食用烙饼和饭卷，以家庭为单位进行。"颁金"是满语诞生之意，农历十月十三颁金节是满族命名之日，每年这一天，全国各地的满族族胞举行庆祝活动，广州满族也不例外。在保留传统节日的同时，广州世居满族民众创造出新的节日——春茗，它成为一个族群象征符号，既强化了广州世居满族的族群认同，又密切了广州世居满族与地方政府、广州民众及其他少数民族的关系。

除了民族节日外，广州世居满族也很重视常规性的公共节日，如三八妇女节、六一儿童节、教师节、国庆节、重阳节等。另外还有一些不定期举行的活动，如青年族胞的郊游、为老年族胞发放慰问金的敬老活动、满族小学的校庆等。这些节日和仪式的意义不仅仅在于聚会和庆贺，而是广州世居满族族胞确认族群身份的象征性

---

① 访谈对象：XYA，访谈时间：2019年1月21日，访谈地点：辽宁省本溪市南芬区思山岭乡石湖沟村，访谈人：关溪莹。

仪式，每一次庆典，他们的族群性获得一次彰显，族群认同和凝聚力更加强大。

（二）通过口头传承和追宗访祖构筑关于族群的历史记忆

广州世居满族族胞依然保留着传统的口头传承作品。1957年前后，为了参加"广东省第一届少数民族艺术观摩会演"，满族民众收集整理了《灯盏子花》《太平年》《十二重楼》《卖糕谣》等民间歌谣；改革开放以后，满族知识分子又整理出《祖宗袋的故事》《包饽饽的传说》《大天仓的来历》《腊八粥的来源》等民间故事和《月光光》《跑白马》《打帖歌》等满族童谣，并将他们编入《广州满族简史》，以文字形式保留和传播。笔者2003年在满族小学进行访谈调查，半数以上的满族学生曾经听过满族故事或者歌谣。这些口头传承作品成为构筑广州世居满族历史记忆的重要材料，每逢满研会组织庆典和节日聚会，经常有族胞身着民族服装演唱传统歌谣。在传统的展演过程中，民众一次次完成对祖先历史的回忆。

广州满族历史文化研究会把"研究满族优秀历史文化"列入协会章程之中，不仅倡导族胞搜集世居满族史料、进行民族文化研究，还多次组织大家到满族发源地追踪溯源。他们在社团刊物《广州满族》和不定期出版的文集中经常刊登族胞考察和研究满族历史与文化的文章。社会记忆由人群当代的经验与过去的历史、神话、传说等构成，借由文献、口述、仪式（各种庆典、纪念仪式与讨论会）与形象化物体（如名人画像、塑像，以及与某些记忆相关联的地形、地貌等）为媒介，这些社会记忆在一个社会中保存、流传。① 社会中以血缘、业缘、地缘、族缘等为纽带的社会群体，都创造、保存与强化各群体的集体记忆。"这样的回忆常是集体性的，也就是社会人群经常集体选择、活

---

① 王明珂：《华夏边缘——历史记忆与族群认同》，浙江人民出版社2013年版，第314页。

化并强化特定的社会记忆,以凝聚成员彼此的认同。"①在现实生活中,一些社会记忆被选择、强化,满族社团通过展演民间文学作品、考察与研究满族历史文化来建构本民族的社会记忆,强化族胞的族群认同。

(三)建立永久性的纪念物——满族坟场,体现族群的终极关怀

满族坟场带给满族族胞的不仅是一个长眠之所,还有一种基于想象的历史之上的终极关怀。本尼迪克特·安德森认为,民族国家是民众想象的共同体,它之所以是想象的,因为即便在最小的民族中,一个人从不会认识他的大多数同胞,但是在他们心中却有互相认同的意象。各种集体实践和表征使民族被想象成历史中的坚实共同体,深厚的社会凝聚感缘此而生。②广州满族族胞无论在地缘、业缘甚至血缘上的联系都趋于淡化,他们通过满族坟场建构共同的历史记忆,在想象、创造和记忆族群的过程中,努力把族群的客观现实和悠久历史联系起来。族胞和他们的族群由此建立起一种超越时空的联系,有效地培养了集体认同。在清明节这天,笔者不断看到有人在"广州满族坟场"的墓碑前鞠躬行礼、敬献鲜花,他们缅怀的不是哪一个具体的人,而是当年跋山涉水、风雨迢迢远赴南疆的祖先和那段想象的记忆,这使他们在心灵上获得归属感与认同感,使他们由于现代社会激烈竞争而导致的不安、恐惧情绪获得缓解与安慰。来自共同的族群,长眠于共同的家园里。广州世居满族的族群认同获得彰显,族群凝聚力不断提升。

(四)将个体的生命历程纳入族群情境

虽然满族传统的生活方式改变了,风俗习惯已经广州本土化,

---

① 王明珂:《华夏边缘——历史记忆与族群认同》,浙江人民出版社2013年版,第315页。
② [美]本尼迪克特·安德森著、吴叡人译:《想象的共同体——民族主义的起源与散布》,上海人民出版社2003年版。

但是在广州世居满族民众的人生各阶段依然存留着民族的印记。在越秀区居住的满族儿童被送入满族小学，在浓厚的民族氛围中开始社会化；成年族胞积极参加广州满研会的各项活动，目前在满研会登记注册会员者有两千多人，虽然以中老年人居多，但是60年代至90年代出生的中青年族胞数量也占了不小比例。中青年族胞几乎没有时间参加族群活动，但是他们仍然乐于将自己纳入满族族群集体中；广州的满族族胞每年都到满族坟场祭奠先人，他们也将之作为自己百年之后的安息之所。在这里，满族族胞完成了一生的轮回，生者与死者都沉浸在一种割舍不断的民族情境中，族群认同年复一年地被激发。此外，每年春茗他们都要集会庆祝，民族情结周而复始地在族胞心中升腾。从生到死，广州世居满族民众依然生活在族群圈子里，即使在日新月异的现代社会也没有改变，个体在满族群体中感受着浓重的族群传统氛围，也以族群情感感召非世居的满族族胞。

在欧洲大陆，难以把握的多样化导致学者们不再关注复杂多变的民族和民族性现象，转而聚焦于身份认同方式。他们认为所有这些想象都以认同的概念为基础。① 在广州世居满族的个案中，族群认同同样起了决定性的作用。因为保存了族群认同，广州世居满族在民族国家建构的漫长而复杂的时代旋涡中艰难地延续下来；在当下民族国家全面现代化的潮流中，广州世居满族民众需更新观念，与时俱进，将族群认同作为自身发展的重要资源，更好地融入广州的建设与繁荣，使满族这个古老的少数民族在现代社会焕发出蓬勃生机。

---

① ［德］白瑞斯文著，吴基诚、马倩霞译，王霄冰校：《从民族和民族性到文化认同——欧洲民族学核心概念的转变》，《江西社会科学》2013年第11期，第255页。

二、培育国家认同

改革开放以来,广州世居满族在强化族群认同的同时,国家认同也逐步增强。围绕满族历史文化研究会、满族坟场和满族小学这三个中心点组织的一系列活动将广州世居满族置于国家权力、地方组织与民间社会的良性互动之中,为其现代化创造了良好的外部条件。所有活动都交织着国家权力、地方社会的叠影。

观音信仰是广州世居满族族胞普遍的信仰,附会了满族独特的民族特征和移民经历。广州的满族老人都认为观音是御赐之物,是他们的保护神。在艰苦的移民过程中,观音信仰成为支撑他们抵达目的地的精神支柱;在陌生的环境中安家落户,随后的二百余年中他们的命运几经沉浮,观音信仰成为他们在风雨飘摇的时代变更和备受歧视的异质社会中艰难生存的心理慰藉;在封建时代由于拥有御赐观音,他们自然而然地向社会彰显了自身与以皇权为代表的国家的联系,巩固了"正统"地位。"信观音"是他们强化自身族群认同的无形纽带,也是体现国家认同的载体,族群认同与国家认同交织在一起,互为基础,互相促成。

在笔者的访谈中,六七十岁以上的老年族胞经常会提起他们看清朝题材电视剧的感受:"看电视剧时,什么康熙啊,乾隆啊,他们说的话有些是爸爸妈妈说的话,很喜欢看这些电视剧。"[①] 在观赏这些艺术作品时,满族民众除了获得与其他观众同等的艺术享受,还获得族群身份的认同和族群情感的共鸣。在构筑历史记忆的同时,他们自然而然地将自身命运与国家命运联系在一起。

满族历史文化研究会是广州世居满族自发组建的民间团体,也是

---

① 访谈对象:GJW 夫妇,广州世居满族,70 岁左右;访谈时间:2002 年 11 月 25 日,访谈地点:广州市越秀区访谈对象家,访谈人:关溪莹。

当下广州世居满族强化族群认同、增强凝聚力的核心之一。满研会定期组织会员学习党和政府的方针政策、时事动态,了解国家建设情况,在国家与民间社会之间架设了一座桥梁。在春节初四"春茗"满族族胞聚会的日子,在满研会、满族小学、满族坟场的大型活动中,满研会都邀请政府民族宗教管理部门相关领导出席,悉心倾听政府干部的讲话,并身体力行地遵照执行,体现出强烈的国家认同。

广州世居满族的祖先是清政府的嫡系部队,在观音信仰和民间的口头传承中都贮存着昔日关于国家的记忆,一旦得到国家的认同,他们表现出很强的入世意识。满研会的宗旨是拥护中国共产党和人民政府的领导,在满族族胞中贯彻国家的各项政策与法令,拥护与服从保障了这个异质族群的民族尊严与自治权力;地方政府作为国家权力在地方的代言人出现在满研会的重要活动中,自然而然地成为满族的保护者和利益维护者,为满族族胞及时解决了大量实际困难。在满族坟场和满族小学的建设过程中遭遇的几次困境都依靠地方政府出面解决。

三、激发自主建构

中华人民共和国一成立,党和国家就向全国各族人民庄严宣布,彻底废除一切民族压迫制度,实现了各民族一律平等。除了将这一基本国策写入《中国人民政治协商会议共同纲领》中,政务院还先后派出13次代表团、慰问团深入少数民族地区宣传贯彻党的民族平等政策;通过民族识别确定了境内各民族在法律上平等的权利和义务;通过土地改革消除了少数民族中的阶级关系;通过民族区域自治,将偏远的民族区域纳入国家统一的政治体制,将民族共同体聚合起来。改革开放后,民族关系的着力点在帮助少数民族发展经济①,缩小少数

---

① 《当代中国》丛书编辑部:《当代中国民族工作》(上),当代中国出版社1993年版,第168页。

民族地区与汉族地区的差距，确保在民族国家建设过程中不会因为发展不平衡影响民族关系的聚合。有了民族政策的支持，少数民族的进步有了前提和保障，不过他们的发展归根结蒂还是要靠自己。实践证明，广州世居满族成功地走出了一条自我建构和发展的道路。

（一）自主建构的动力

关于广州世居满族自我建构的动力，我们必须将其置于中国社会现代化转型的情境之中予以考虑。综合国力的提高使中国民众的物质生活水平在四十余年中得到快速提升，同时，现代化体制的弊端逐渐显露出来。人与人之间由于激烈的竞争和巨大的生存压力变得愈发疏远冷漠，现代个体更需要在精神家园中寻找依托和慰藉，民众建设富裕的物质家园的同时热衷于构建丰富的精神家园。岭南的宗族观念和祭祖风俗保存得比较完整，广州世居满族自然也希望追宗溯源，确认家族的渊源和自己的身份，谋求精神慰藉和心灵安宁。

另一方面，国家权力和地方政府给予城市散杂居少数民族政治上的平等权利和经济上的优惠政策，使广州世居满族受益良多，这激发了他们融入现代社会的热情。我国城市民族工作的行政法规体系逐渐完善，包括《关于保障一切散居的少数民族成分享有民族平等权利的决定》（1952年）、《关于做好杂居、散居少数民族工作的报告》（1979年）、《关于民族工作几个重要问题的报告》（1987年）和《城市民族工作条例》（1993年）等，政府在就业，教育，企业信贷、投资、税收等各方面，都对城市少数民族族胞给予优惠措施和扶持政策。满族族胞创建的私营企业获得民族政策扶持，他们必然热心于族群社团建设，在资金、人力等方面对其给予大力支持。从个体角度看，广州满族族胞可以在升学、就业、落葬满族坟场等方方面面得到实惠；年轻的满族族胞通过族群联谊建立互助关系，寻找发展机会；

"我们平时也会聚会、沟通,在工作上、生意中互相帮忙。"[1]因此,满族族胞热衷于维护本族群在广州现代社会中的进一步繁荣。

(二)自主建构的边界变化

族群边界理论认为,"两个或多个族群在接触中继续保持各自的独立存在,它们有各自的准则和标记,与此同时也存在着与之相应的互动结构,使文化差异得以保持"。[2]互动结构的存在意味着族群边界不是一成不变的,族群会根据不同的情境和生存发展的需要不断调整边界,以达到最佳状态。随着国家政策的改变、广州的发展形势和自身的实际情况与切实需要的变化,广州世居满族的族群边界不断变更,以此来支撑自我建构。旗营时期,他们沿袭了满族传统的生活方式,保存族群属性是维护其政治地位和军事统治的重要手段之一;旗营解散后,广州世居满族的族群边界在生成的同时不断被消减,服饰、仪礼边界消失,语言边界和家庭边界逐渐淡化,但是他们的宗祠祭祀、口承文学仍然与广州当地社会泾渭分明,这个处于社会边缘地位的异质族群在最核心层面保持着族群认同,在不断变幻的政治场景中保持自身的延续;当下社会中广州世居满族的族群认同呈现出新的特点,除了户口簿和身份证上的族属边界清晰之外,几乎所有族群边界都消失了,他们依靠精神上、心理上的族群认同彰显本族群的存在,维系精神边界。

不发展就意味着被淘汰。改革开放以后,随着粤港澳大湾区的经济腾飞,广州世居满族与广州当地民众一样面临着挑战和新的发展机

---

[1] 访谈对象:LY,广州世居满族,出生于 1950 年代,广州某律师事务所律师。访谈时间:2019 年 10 月 25 日。访谈地点:广州市满族历史文化研究会。访谈人:关溪莹。

[2] Fredrik Barth, *Ethnic Groups and Boundaries*, London: George Allen & Unwin,1969, pp.135—148.

遇。他们需要发掘一切可以构建社会网络的资源，创造发展机会，族缘成为血缘、地缘、业缘之外新的跨地域社会动员手段之一。也就是说，广州世居满族需要积极主动地进行自我建构，才能在新时代获得长足发展。

（三）自主建构的组织形式

由于维系族群认同的传统资源已经不复存在，也不会在新的时代背景下重生，他们势必要创造出新的组织形式来强化族群认同，这种新的组织形式既要适应广州世居满族的特点，又要符合广州现代化和民俗文化情境的要求。他们选择了社团的社会组织形式。社会团体以促进社会发展和进步为宗旨，按照一定的章程，经过法定程序组织起来，从事社会公益活动，具有民间性、自愿性、服务性和非营利性的特点。我国正进入一个城市化快速发展的时期，需要各种社团组织来承担政府与民间社会之间的沟通、联系功能，进行民众的跨地域、跨阶层动员。社会分工越来越复杂、生活节奏越来越快，社会团体成为家庭、单位之外一种重要的社会组织方式。它能沟通政府与社会各阶层之间的关系，维持社会稳定，推动政治民主化进程，促进社会协调、有序发展。

以社团组织促成群体共同发展已经成为岭南及港澳、东南亚华人的一种社会风尚。目前全球华人华侨社团已有 20 多万个，他们逐渐发展成为凝聚华人华侨社会的基石和核心。[①] 清代以来，大量福建和广东惠州、潮州客家移民迁居香港，他们在香港组成客属社团，曾在香港召集"世界客属恳亲大会"，声誉很高。这些华人社团维系了海外华人的团结和国家认同意识，壮大了他们的力量，促进了他们与海外社会的融合与交流，成为连接海外华人社会与中国的桥梁。随着中

---

① 华少君：《永远的中华魂——从"联谊"看海外华人华侨社团的凝聚作用》，《今日中国》2003 年第 11 期，第 23 页。

国与国际接轨,海外华人社团的作用越来越显著,数量有增无减。海外和港澳地区社团组织的壮大对珠三角地域产生直接影响,广州世居满族在改革开放初期就自发组建了自己的民族社团,多年来不断完善社团管理制度和功能,满族历史文化研究会成为广州世居满族自主建构的领导核心。

满族坟场、满族小学及广州世居满族的重大节日都是在满研会的直接领导和支持下开展。满研会有注册会员、固定的活动场所和活动日期,制定了完备的管理制度,深受广州满族族胞的信任,在团结广州满族族胞,增强族群凝聚力,维护广州满族利益方面起了关键作用。广州世居满族的社团化倾向首先与满族族群的发展经历和自身特点密切相关。社团组织在移民社会中是比较普遍的存在,对于迁移者来说,凝聚他们的通常是血缘、地缘和业缘关系,广州满研会不仅集中了这三种关系,更充分利用了族缘纽带。与海外华人不同的是,满族移民不是整个家族或者同乡迁移,而是以八旗组织为单位迁移到广州,以后的生活也在八旗组织的行政管理下进行。与个体小农经济的生活方式相比,旗营生活的人际关联、个人与集体之间的依附更加紧密,组织性更强。旗营解散后相当长的时间里,他们的祭祀、人际交往等仍然有八旗组织的烙印,这为今天满研会的兴盛奠定了良好的组织基础和心理基础。

满族社团利用家庭、亲属网络和工作关系等多种手段扩大满族与广州当地社会的联系,争取获得民间社会的广泛认同。他们的工作都呈现出半开放性,即不仅面向满族族胞,也部分地向社会开放。满族有夫妻合葬的传统,由于满族族胞与广州当地汉族和其他少数民族通婚,所以墓地中葬有相当数量的非满族人士,那么其后人无论是满族还是其他民族来祭拜坟场就是自然而然的事情,他们在这里与满族族胞一起建构对满族的历史记忆,甚至成为"想象的共同体"的一分子。由于满族族胞居住得更加分散，满族小学的招生对象不断扩展，目前已经以招收汉族生为主，但是在这样一所有较长历史的民族学校里，无论满族还是其他民族的学生一同接受满族的历史文化教育，一同感受满族凝聚力的存在，并由学生扩及他们的家长，以这种民间渠道增强了社会对满族的认同。

年轻一代的广州满族人对这个城市少数民族的未来充满信心，他们说："汪老和奶奶那一辈人对广州满族的工作有种使命感，我认为他们不在了，广州满族也不会消亡，我们这些年轻仔对民族是有感情的，只要有人组织就会凝聚起来。"[①] 他们所说的"组织"是满族历史文化研究会，它作为广州世居满族在新的时代背景下自主建构起来的核心组织，引领着这个都市中的少数民族族群蓬勃发展。

在生活水平提升的同时，少数民族的受教育程度不断提高，通信手段和交通设施的进步引领着少数民族族胞接触大千世界，他们的认知能力、思考能力和行动能力也在不断提升。在这个彰显独立和自我的时代里，少数民族进行自我建构是大势所趋。因为具备了自我发展意识，广州世居满族族群在都市中率先完成现代化转型，与广州各界民众共同投入国家建设之中。

[①] 访谈对象：HSH，出生于20世纪70年代，从小在满族聚居地长大，积极地参加满族联谊会的活动；访谈时间：2013年9月30日；访谈地点：越秀区惠福大酒楼广州满族迎国庆贺敬老节茶话会现场；访谈人：关溪莹。

结　语
区域历史文化背景中的广州世居满族

满族是广州市人数最多的少数民族之一，本书力图描述广州世居满族260余年的发展历程，揭示满族在中国当下社会蓬勃发展的深层原因，预测其未来的发展趋向。通过对落广祖移居广州后260余年的民俗史、生活史的梳理和对其存续与发展的深层动力的分析，我们对广州世居满族的研究为城市少数民族的族群文化变迁研究提供了一个鲜活的个案，为其他城市少数民族族群发展提供建设性思路。

2020年全国第七次人口普查的数据显示，全国满族人口超过1042万人[①]，散布在全国各地，各大中城市几乎都有世居满族。尽管在族籍上他们都认同自己是满族，但是不同地域的满族族群的民俗文化发展并不平衡。在东北三省、内蒙古、河北等满族聚居地区，满族传统习俗保留得相对完整；在其他地区，满族民众的生活方式基本汉化，族群意识的状况比较复杂。笔者2016年在第七届全国满族联谊会会长论坛上了解到，部分城市里的世居满族族胞间没有长期稳定的联系，族群意识淡薄，有的城市中的满族社团在学校中租借教室办公，有的在家里办公，有的地方则尚未成立相应的社团。在东北三省的满族聚居城市，满族民众保留了部分传统习俗，也并不是每个城市都有民族社团，联谊与互助活动并不普遍。在远离满族发源地和聚居地的广州，世居满族族胞的活动开展得有声有色。

---

① 国务院第七次全国人口普查领导小组办公室：《中国人口普查年鉴2020年》，国家统计局网站，http://www.stats.gov.cn/tjsj/pcsj/rkpc/7rp/zk/indexch.htm。

广东优越的经济环境和传统文化氛围为广州世居满族的复兴奠定了基础。正如费孝通先生所指出的,一个社会越是富裕,这个社会里的成员发展其个性的机会也越多,相反,一个社会越是贫困,其成员可以选择的生存方式也越有限;如果这个规律同样可以用到民族领域里的话,经济越发展,也就是说越是现代化,各民族间凭各自的优势去发展民族特点的机会也越大。① 改革开放后广东经济迅速发展,统计局数据显示,广东省的 GDP 从 1989 年起连续 32 年位居全国各省份的首位。② 有了充裕的物质基础,民众才有愿望和能力丰富精神世界,重新构筑族群的精神家园。广州世居满族的各项活动也得到政府、社会和本族族胞充分的人力、物力和财力支持,既保障了族群活动的开展,也鼓舞了社团工作的热情。广东地处边陲,相对于文化中心,其文化变迁具有一定滞后性,岭南民俗具有久远的农业文明背景,其传统性与保守性在现代社会中仍然很突出,这些因素使广东的传统文化保留得比较完整,为广州世居满族复兴提供了良好的文化空间。

岭南的创新风气和包容品格赋予广州世居满族较大的活动自由度。岭南是中国近代革命的发源地,革命者"敢为天下先"的精神对民间风俗有一定带动作用。新中国成立后,广州满族族胞利用族缘关系组织"广州满族抗美援朝支会",积极参与国家政治生活。半个世纪以来,广州满族社团的名称一变再变,适应不同的时代特点开展民族联谊工作,在全国各城市的满族社团中彰显了广州满族的影响力。岭南民俗具有包容气度和多元特征,对异质文化和族群排斥力小,汉族家庭积极接受满族成员,邻里、同事、生意伙伴之间对满族民众也

---

① 费孝通:《中华民族的多元一体格局》,《北京大学学报》1989 年第 4 期,第 19 页。
② 广东省统计局、国家统计局广东调查总队:《2021 年广东国民经济和社会发展统计公报》,广东统计信息网 2022 年 3 月 2 日发布,http://stats.gd.gov.cn/tjgb/content/post_3836135.html。

自然而然地接受，加速了满族民众与广州当地社会的融合。在这样的民俗氛围中，广州世居满族获得了广阔的活动空间。

除了区域背景的影响，广州世居满族的繁荣还与其自身的民族个性和独特经历相关。调查研究中不难发现，广州世居满族有很强的集体意识和凝聚力。无论慰问老年族胞、奖励满族学生、节日聚会还是考察联谊，只要有满研会组织，族胞们都会积极参与，踊跃地出人出力出钱。这种凝聚力从年长者影响到后生辈，代代传承，这与广州世居满族的民族特点和发展经历有着密切的关系。

满族落广祖以军队驻防的方式来到广州，从1756年到1911年一直生活在封闭的旗营中，清政府以钱粮制度控制他们的经济命脉；以骑射操演对其进行军事训练；以严格的行政管理限制他们不能学习技术，不能经商，不能与外通婚，不能擅自外出，不能看汉族书籍。满城中有一整套从将军到马甲兵的严密的军事行政体系和管理制度。这套管理体制为旗营解散后广州世居满族无技术、无人脉、无经济来源的悲惨命运埋下伏笔，但也在客观上养成了满族民众"令行禁止"的组织纪律性。辛亥革命后，虽然满城不存在了，但是世居满族仍然延续了聚居生活方式，其主体依然居住在越秀区的光塔路、纸行路、惠福西路等区域，八旗官兵的组织性和纪律性通过一代代的言传身教影响后代的思维模式和行动方式，凝聚力并未完全消失。

成立于1946年的国光小学有力地承接了广州世居满族凝聚力，这是由满族人创办的广东省唯一的满族子弟学校。在战争年代，广州世居满族没有组织，得不到认同，只能依靠学缘关系使大家聚合起来。新中国成立后，满族民众每天都到国光小学询问民族政策落实情况，国光小学无形中成了"临时联络站"。此后一直到1954年满族群众正式接管"妙吉祥室"（观音楼）之前，满族小学一直是族胞集会聚会、商讨事情的地点，以族缘和学缘关系为纽带将满族族胞凝聚在一起。在由 400 余名族胞参加的 2017 年广州满族"春茗"团拜会上，老族胞们欢声笑语畅聊往昔。他们向我介绍很多人都是满族小学的同学或者校友，因为共同的校园回忆加深了民族情感。每一年"春茗"既是民族联谊，也是同学聚会，相当具有号召力。

1953 年成立的广州满族抗美援朝支会是广州满族的第一个群众社团，一直到"文革"之前，满族社团几易其名，但是所有工作都围绕团结满族族胞自主展开。民族社团拉近了少数民族与国家之间的距离，切实地帮助贫困无助的满族族胞解决了很多实际问题，同时将凝聚广州世居满族的重任承接下来。"文革"结束后，满族族胞在 1984 年 9 月 18 日恢复组建民族社团——广州市满族联谊会。满联会、满族坟场、满族小学将广州满族团得更加紧密，在经济发达、人口众多的大都市获得良好声誉，也为国家建设输送了大量优秀人才。2001 年广州满族联谊会更名为广州满族历史文化研究会以后，扩大会员规模，加大建设力度，为满族族胞争取到更多政策福利和发展机会，在广州乃至全国展示了广州满族的风采。

落广祖驻防广州后的 260 余年中，广州世居满族族胞之间的凝聚力一直没有减弱，为当下广州满族的发展提供了有力保障。无论在旗营时期、国光小学时期还是满族联谊会、历史文化研究会时期，民俗文化都是广州世居满族保存族群认同、进行自我管理的重要手段，也是民族发展的重要治理方式。在 155 年的旗营时期，满族官兵因为传承了传统民俗和生活方式，没有被淹没在离故乡数千里之外的汉民族的汪洋大海之中。"初来时的广州满族，是从北京调来的，他们久居北京，一切语言风习都大致的与北京同化了，所以来到广州之后，所有语言习俗、婚丧嫁娶、红白喜事一些俗例都与北京人的习惯大致相同，《北京风俗考》一书记载的许多事例都与广州满族在五十多年前所行的一模一样。"① 民族的传统语言、生活习惯、伦理道德、人际交往方式帮助他们在陌生的移民地安稳地生活下来,为他们构建了和谐的生活秩序。

广州满族抗美援朝支会成立后,多次组织族胞挖掘、排演满族的民间文艺节目,参加全国、省、市的各级展演,逐渐恢复了满族族胞的民族自信心和自豪感,团结他们与所有群众一起投入新中国建设。改革开放后,广州满研会继续利用民俗文化资源凝聚族胞,例如推广饽饽和萨其马等满族食俗,恢复满族颁金节和天仓节等民族节日,展示满族服饰,记录整理满族民间口承文艺作品,建造广州满族文化陈列馆,举办满语学习班,研究满族历史文化等,通过食俗、服饰习俗、节俗、民间文学等民俗文化书写广州世居满族的社会记忆。以族缘为纽带的广州世居满族群体以本民族的民俗文化有效地提升了满族族胞的民族自豪感,这是强化族群认同的重要手段。

与国家法律、行政制度、公共管理条例相比较,民俗文化的功能是隐性的、潜移默化的,但是作为一种"软控力",其作用是绵长而无孔不入的,以春风化雨的方式达到法律与制度无法达到的效果,完成社会治理。例如在清朝的广州满城中如果没有沿袭传统民俗文化,数千名满族官兵和家眷面对长途跋涉和迥然不同的生活环境,会加重他们的水土不服,产生巨大的文化排斥,难以完成驻防任务,甚至引发与广州当地民众的摩擦事件。他们在广州繁衍生息的 260 多年中,经历了社会动荡、政权更替,民族特性没有因此消失。传统民俗有力地延续了族群认同,帮助广州满族熬过极为贫苦的岁月;新中国成立后,民俗文化又构成广州世居满族关于民族的社会记忆,成为凝聚

---

① 关汉宗:《满族的宗教信仰及风俗述要》,《广州满族文史资料选辑》第一辑,1963年版,第 63 页。

族胞、强化族群认同的有力手段。满研会会员分布在大广州的10区2市，他们中有世居满族的后裔，也有相当数量在新中国成立后甚至改革开放后才移居广州的满族人。因为本民族的历史文化和民俗文化的力量将他们凝聚到广州满研会，共同壮大满族，投身广州的现代化建设。挖掘族缘进行社会动员正是发挥了以民俗文化为核心的"软控力"，发挥了社会治理的良好效果。

通过对广州世居满族十余年的追踪调查，笔者搜集了官修、民修、口述史和田野调查资料，梳理了满洲八旗官兵移居广州及其后裔在广州260余年的族群建构历程，解析在不同历史阶段他们所呈现的族群认同与国家认同的样态以及两种认同之间的彼此消长情况。我们认为广州世居满族不是被动发展，而是主动建构自身的民俗体系，在战乱、贫困中生存、延续、在和平发展中寻找机遇。民族平等政策是少数民族发展的外因，族群认同是其延续、壮大的内因；民族文化传统是少数民族维持族群认同的核心资源。

通过分析，我们可以清晰地看到广州世居满族生存的三个阶段中国家认同和族群认同的变化，在这三个阶段中，国家认同与族群认同并非步伐一致，而是在不同的发展阶段呈现出不同张力。

第一阶段为旗营时期，八旗官兵是国家权力的代言人，拥有强烈的国家认同，但是因为被桎梏于封闭的军事、经济、行政管理制度下，没有产生族群认同。

第二阶段为旗营解散后，满族民众流入民间，无政治地位和生存技能，受到社会歧视而成为边缘群体。与广州社会全面接触后激发了广州世居满族的族群认同，即便生活陷入低谷，民族情感和凝聚力并没有减弱。连年战乱使他们难以自保，也模糊了国家概念。随着新中国的成立，广州世居满族与广州民众一起感受到国家和民族的新生，但随之而来的十年浩劫又使广大民众对国家、民族的命运感到茫然。

第三阶段是改革开放以来,广州世居满族抓住国家大发展的大好时机,利用传统文化进行现代族群建构,焕发出勃勃生机。在民俗变迁和族群建构的过程中,他们的族群认同逐步强化,国家认同也越来越强烈。

少数民族族群建构是族群认同和国家认同互动的结果,在国家认同的引领下强化族群认同,族群发展将达到最佳状态。当前,筑牢中华民族共同体意识是我国民族工作的核心主题。我国的国家建构比较复杂,不仅要进行国家整体建构,也要同步完成中华民族共同体建构。"现代民族国家的形成,包含了两个方面的建构过程:一个是国家领土和边界的形成和确立,国家法律制度和政治组织的建构;另一个是国家疆域之内具有不同族裔文化背景差异的人口中间创造民族性和民族认同。"①

在中央集权的封建王朝时代,传统的儒家思想和差序格局相结合,形成了延续两千余年的多民族政治治理体系。1840年以后,在抵御帝国主义侵略过程中,中国各民族的凝聚意识和认同感增强,传统国家被近现代国家取代。新中国建立后,伴随着民族平等和民族区域自治政策的实施,中国民众持续开展多民族国家建设。改革开放以来,各民族生活的交融性不断加强,建构中华民族共同体是富有中国特色的国家治理模式。在这一过程中,汉族成员要克服"把汉文化等同于中华文化"的错误意识,少数民族成员要克服"把本民族文化自外于中华文化,对中华文化缺乏认同"的错误观念。② 国家既要支持少数民族强化族群认同,鼓励他们自我发展,更需要强化他们的国家

---

① 王建娥:《国家建构和民族建构:内涵、特征及联系——以欧洲国家经验为例》,《西北师范大学学报》2010年第2期,第28页。
② 马戎:《社会转型过程中的族群关系》,社会科学文献出版社2016年版,第276页。

认同和公民意识。少数民族要主动寻求族群认同与国家认同的最佳契合点，将自身发展与国家强盛紧密结合在一起。社会各界要共同努力，进一步筑牢中华民族共同体的国家感召力、民族凝聚力和文化认同感，实现中华民族的伟大复兴。

参 考 文 献

古籍与方志

《史记》，中华书局 1959 年版。
《后汉书》，中华书局 1965 年版。
《北史》，中华书局 1974 年版。
《旧唐书》，中华书局 1975 年版。
《新唐书》，中华书局 1975 年版。
《金史》，中华书局 1975 年版。
《元史》，中华书局 1976 年版。
《明史》，中华书局 1974 年版。
《清史稿》，中华书局 1977 年版。

[宋] 叶隆礼撰，贾敬颜、林荣贵点校：《契丹国志》，上海古籍出版社 1985 年版。

[宋] 宇文懋昭撰、崔文印校证：《大金国志校正》，中华书局 1986 年版。

[清] 汪永瑞修、杨锡震纂：《新修广州府志》，见《北京图书馆古籍珍本丛刊》，书目文献出版社 1987 年。

[清] 张嗣衍修、沈廷芳纂：《（乾隆）广州府志》，见《广东历代方志集成》，岭南美术出版社 2007 年。

[清] 戴肇辰、苏佩训修，史澄、李光廷纂：《（光绪）广州府志》，见《中国地方志集成·广东府县志集》，上海书店、巴蜀书社、江苏古籍出版社 2003 年版。

[清] 鄂尔泰等修，李洵、赵德贵主校点：《八旗通志》，东北师范大学出版社 1985 年版。

[清] 纪昀等修，李洵、赵德贵等主校点：《钦定八旗通志》，吉林文史出版社 2002 年版。

［清］长善主修：《驻粤八旗志》，见马协弟主编《清代八旗驻防志丛书·驻粤八旗志》，辽宁大学出版社1990年版。

［清］庆保辑：《广州驻防事宜》，见国家图书馆编《清代边疆史料抄稿本汇编》第41册，线装书局2003年版。

［清］广东驻防旗营编：《广东驻防旗营事宜》，见广东省立中山图书馆、中山大学图书馆编《清代稿抄本》第147册，广东人民出版社2008年版。

［清］仇巨川：《羊城古钞》，广东人民出版社1993年版。

［清］范端昂《粤中见闻》，广东高等教育出版社1988年版。

［清］屈大均《广东新语》，中华书局1985年版。

广东省地方史志编纂委员会：《广东省志·少数民族志》，广东人民出版社2000年版。

广州市地方志编纂委员会编：《广州市志》卷二《自然地理志 建置志 人口志 区县概况》，广州出版社1998年版。

汪宗猷主编：《广州满族志》，广东人民出版社1994年版。

专著和论文集（按作者姓名音序排列）

陈建樾、周竞红：《族际政治在多民族国家的理论与实践》，社会科学文献出版社2010年版。

陈庆德：《资源配置与制度变迁——人类学视野中的多民族经济共生形态》，云南大学出版社2001年版。

陈晓毅、马建钊：《中国少数民族的移动与适应：基于广东的研究》，民族出版社2007年版。

费孝通：《中华民族多元一体》（修订本），中央民族大学出版社1999年版。

付春：《族群认同与社会治理——以川、滇、黔地区十个民族自治地方为研究对象》，经济科学出版社2015年版。

富伟主编：《辽宁少数民族婚丧风情》，辽宁人民出版社1994年版。

高丙中：《民俗文化与民俗生活》，中国社会科学出版社1994年版。

高丙中：《现代化与民族生活方式的变迁》，天津人民出版社1997年版。

高丙中：《中国人的生活世界——民俗学的路径》，北京大学出版社2010年版。

高永久:《民族学概论》,南开大学出版社2009年版。

葛剑雄主编:《中国移民史》(第五卷),福建人民出版社1997年版。

广东少数民族研究所编:《广东少数民族》,广东人民出版社1982年版。

广州市政协学习和文史资料委员会主编:《广州文史资料存稿选编》,中国文史出版社2008年版。

广东炎黄文化研究会编:《岭峤春秋——岭南文化论集(一)》,中国大百科全书出版社1994年。

广东炎黄文化研究会编:《岭峤春秋——岭南文化论集(二)》,中国社会科学出版社1995年版。

郭于华主编:《仪式与社会变迁》,社会科学文献出版社2000年版。

国家民族事务委员会研究室编:《正确的道路 光辉的实践——新中国民族工作60年》,民族出版社2009年版。

郝时远:《中国民族关系史纲要》,中国社会科学出版社1990年版。

黄淑娉:《广东族群与区域文化研究》,广东高等教育出版社1999年版。

黄兆辉、朱广编撰:《驻粤八旗史料汇编》,广东人民出版社2019年版。

暨爱民:《国家认同建构——基于民族视角的考察》,社会科学文献出版2016年版。

江帆:《满族生态与民俗文化》,中国社会科学出版社2006年版。

李宏图、王加丰选编:《表象的叙述——新社会文化史》,上海三联书店2003年版。

李燕:《港澳与珠三角文化透析》,中央编译出版社2003年版。

李燕光、关捷:《满族通史》,辽宁民族出版社1991年版。

梁茂春:《跨越族群边界——社会学视野下的大瑶山族群关系》,社会科学文献出版社2008年版。

刘晓春:《仪式与象征的秩序——一个客家村落的历史、权力与记忆》,商务印书馆2003年版。

卢露:《从桂省到壮乡:现代国家构建中的壮族研究》,社会科学文献出版社2016年版。

卢勋、杨保隆主编,祝启源等撰写:《中华民族凝聚力的形成与发展》,民族出版社 2000 年版。

马建钊、李筱文等主编:《广东民族研究论丛》第 1—15 辑,广东人民出版社 1986—2004 年;民族出版社 2007—2014 年。

马戎:《民族发展与社会变迁》,民族出版社 2001 年版。

马戎:《族群、民族与国家建构——当代中国民族问题》,社会科学文献出版社 2012 年版。

马戎:《社会转型过程中的族群关系》,社会科学文献出版社 2016 年版。

马戎、周星主编:《中华民族凝聚力形成与发展》,北京大学出版社 1999 年版。

孟慧英:《满族民间文化论集》,吉林人民出版社 1990 年版。

纳日碧力戈:《现代背景下的族群建构》,云南教育出版社 2000 年版。

丘传英主编:《广州近代经济史》,广东人民出版社 1998 年版。

沈林等:《散杂居民族工作概论》,民族出版社 2001 年版。

汪宗猷:《广州满族简史》,广东人民出版社 1990 年版。

汪宗猷主编:《广东满族》,花城出版社 1998 年版。

汪宗猷:《民族与教育》,中国戏剧出版社 2004 年版。

汪宗猷主编:《广东满族史》,中国戏剧出版社 2006 年版。

王春光:《巴黎的温州人——一个移民群体的跨社会建构行动》,江西人民出版社 2000 年版。

王宏刚、富育光:《满族风俗志》,中央民族学院出版社 1991 年版。

王建娥:《包容与凝聚:多民族国家和谐稳固的制度机制》,中国社会科学出版社 2018 年版。

王茂美:《村落·国家——少数民族政治认同研究:以云南为例》,中国社会科学出版社 2014 年。

王明珂:《华夏边缘——历史记忆与族群认同》,浙江人民出版社 2013 年版。

王钟翰:《满族历史与文化》,中央民族大学出版社 1996 年版。

翁独健:《中国民族关系史纲要》,中国社会科学出版社 2001 年版。

乌丙安:《民俗学原理》,辽宁教育出版社 2001 年版。

谢立中:《理解民族关系的新思路:少数族群问题的去政治化》,社会科学文献出版社 2010 年版。

徐舜杰、韦日科：《中国民族政策史鉴》，广西人民出版社 1992 年版。
杨策：《中国近代民族关系史》，中央民族大学出版社 1999 年版。
杨建新：《中国少数民族通论》，民族出版社 2005 年版。
杨英杰：《清代满族风俗史》，辽宁人民出版社 1991 年版。
叶春生：《岭南民间文化》，广东高等教育出版社 2000 年版。
叶春生：《广府民俗》，广东人民出版社 2000 年版。
张慧真：《教育与族群认同——贵州石门坎苗族的个案研究（1900—1949）》，民族出版社 2009 年版。
张佩国：《近代江南乡村地权的历史人类学研究》，上海人民出版社 2002 年版。
张寅：《多元文化背景下的民族国家建构》，云南人民出版社 2015 年版。
赵展：《满族文化与宗教研究》，辽宁人民出版社 1993 年版。
中国都市人类学会秘书处编：《城市中的少数民族》，民族出版社 2001 年版。
中国人民政治协商会议广东省委员会文史资料研究委员会编：《广东文史资料》。
中国人民政治协商会议广州市委员会文史资料研究委员会编：《广州文史资料》。
周大鸣主编：《中国的族群与族群关系》，广西民族出版社 2002 年版。
周平：《多民族国家的族际政治整合》，中央编译出版社 2012 年版。
周星：《国家与民俗》，中国社会科学出版社 2011 年版。

〔德〕阿莱达·阿斯曼著、潘璐译：《回忆空间：文化记忆的形式和变迁》，北京大学出版社 2016 年版。
〔德〕阿诺德·盖伦著，何兆武、何冰译：《技术时代的人类心灵——工业社会的社会心理问题》，上海科技教育出版社 2008 年版。
〔英〕埃里·凯杜里著，张明明译：《民族主义》，中央编译出版社 2002 年版。
〔英〕埃里克·霍布斯鲍姆、特伦斯·兰杰编，顾杭、庞冠群译：《传统的发明》，译林出版社 2020 年版。
〔英〕安东尼·D.史密斯著，龚维斌、良警宇译：《全球化时代的民族与民族主义》，中央编译出版社 2002 年版。
〔英〕安东尼·吉登斯著，胡宗泽等译：《民族-国家与暴力》，读书·生活·新知三联书店 1998 年版。

〔英〕安东尼·吉登斯著，文军、赵勇译：《社会理论与现代社会学》，社会科学文献出版社2003年版。

〔美〕本尼迪克特·安德森著、吴叡人译：《想象的共同体——民族主义的起源与散布》，上海人民出版社2003年版。

〔美〕杜赞奇著、王宪明等译：《从民族国家拯救历史：民族主义话语与中国现代史研究》，社会科学文献出版社2003年版。

〔英〕厄内斯特·盖尔纳著、韩红译：《民族与民族主义》，中央编译出版社2002年版。

〔挪威〕弗雷德里克·巴特主编、李丽琴译：《族群与边界》，商务印书馆2021年版。

〔德〕赫尔曼·鲍辛格著、吴秀杰译：《日常生活的启蒙者》，广西师范大学出版社2014年版。

〔德〕赫尔曼·鲍辛格著、户晓辉译：《技术世界中的民间文化》，广西师范大学出版社2014年版。

〔美〕克莱德·M.伍兹著、何瑞福译：《文化变迁》，河北人民出版社1989年版。

〔美〕克利福德·格尔兹著，纳日碧力戈等译：《文化的解释》，上海人民出版社1999年版。

〔比〕马可·马尔蒂尼埃罗著，尹明明、王鸣凤译：《多元文化与民主：公民身份、多样性与社会公正》，社会科学文献出版社2015年版。

Mark C. Elliott: *The Manchu Way: The Eight Banners and Ethnic Identity in Late Imperial China*, CA: Stanford University Press.

〔美〕马丁·N.麦格著、祖力亚提·司马义译：《族群社会学——美国及全球视角下的族群关系》，华夏出版社2007年版。

〔美〕米尔顿·M.戈登著，马戎译：《美国生活中的同化》，译林出版社2015年版。

〔韩〕任桂淳：《清代八旗驻防兴衰史》，生活·读书·新知三联书店出版社1993年版。

〔美〕斯蒂文·郝瑞著，巴莫阿依、曲木铁西译《田野中的族群关系与民族认同——中国西南彝族社区考察研究》，广西人民出版社2000年版。

〔俄〕史禄国著、高丙中译:《满族的社会组织:满族氏族组织研究》,商务印书馆1997年版。
〔加〕威尔·金里卡著、邓红风译:《少数的权利:民族主义、文化多元主义和公民》,上海译文出版社2005年版。

论文(按作者姓名音序排列)

费孝通:《中华民族的多元一体格局》,《北京大学学报》1989年第4期。
高丙中:《东北驻屯满族的血缘组织——从氏族到家族再到家户的演变》,《满族研究》1996年第1期。
高永久、朱军:《论多民族国家中的民族认同与国家认同》,《民族研究》2010年第2期。
郭爱民:《保护和弘扬都市民族文化——都市民族文化学术研讨会综述》,《民族研究》2000年第4期。
何星亮:《略论21世纪中国人类学、民族学理论与方法的创新》,《民族研究》2000年第2期。
马戎:《当前中国民族问题研究的选题与思路》,《中央民族大学学报》2007年第3期。
马雪峰:《社会学族群关系研究的几种理论视角》,《西北民族研究》2007年第4期。
庞金友:《族群身份与国家认同:文化多元主义与自由主义的当代论争》,《浙江社会科学》2007年第4期。
彭兆荣:《民族认同的语境变迁与多极化发展——从一个瑶族个案说起》,《广西民族学院学报》1997年第1期。
王建娥:《多民族国家建构认同的制度模式分析——以加拿大为例》,《民族研究》2013年第2期。
王建娥:《国家建构和民族建构:内涵、特征及联系——以欧洲国家经验为例》,《西北师范大学学报》2010年第1期。
王希:《文化多元主义的起源、实践与局限性》,《美国研究》2000年第2期。
夏敏:《文化变迁与民俗学学术自省》,《民俗研究》1999年第2期。
张永红、刘德一:《试论族群认同和国族认同》,《广西民族学院学报》2005

年第 1 期。
周平:《民族国家与国族建设》,《政治学研究》2010 年第 3 期。

民修文献
《广州满族文史资料选辑》第一辑,广州市满族联谊会内部资料,1963 年。
《广州满族文史资料选辑》第二辑,广州市满族联谊会内部资料,1988 年。
广州市越秀区满族志编写组编印:《越秀区满族志》,越秀区地方志办公室内部资料,1994 年。
汪宗猷主编:《广州满族研究资料汇集》,广州市满族联谊会内部资料,1995 年。
汪宗猷主编:《在改革开放中的广州满族》,广州市满族联谊会内部资料,1996 年。
汪宗猷主编:《广州满族研究资料汇集补遗》,广州市满族联谊会内部资料,1997 年。
汪宗猷主编:《满族工作五十年》,广州市满族联谊会内部资料,1999 年。
汪宗猷主编:《南粤满族文集》,广州市满族联谊会内部资料,2000 年。
汪宗猷主编:《南粤满族文集 II》,广州市满族历史文化研究会内部资料,2003 年。

后　　记

　　本书在博士论文的基础上补充、修改完成。2001年，我从东北到广州求学，得知这里活跃着一个满族社团，经导师叶春生教授和广东省民族研究所所长马建钊研究员介绍，我成为广州满族历史文化研究会的一员。后来，叶春生教授鼓励我对广州满族进行调查，并以此为博士论文选题。在调研和论文写作过程中，先生对我给予了悉心指导，如今先生已经远去，我只能以此书表达对先生的感激与怀念之情。陈勤建、邓启耀、萧放、江帆、陈摩人、施爱东、刘晓春、蒋明智、周玉蓉等师长对我的博士论文提出了中肯的修改意见，在此表示真诚感谢。

　　博士论文完成后，我对广州满族的调查并没有结束。与族胞的接触越深入，我越被他们身上散发的那种融合了东北人的随和大气与广东人的精明务实的独特气质所吸引，最让我感动的是族胞们给予我的温暖和信任。汪宗猷、关向欣、傅韧芳、关经纬、舒肇和、金玉阶、伍嘉祥、关洁梅、关雪娟、关锦洪、沈延林等前辈为我提供了大量材料，还有一些不知名的族胞热心接受我的访谈。在他们眼里，我不是陌生人，而是老家来的亲戚。这情分让我一直希望为他们做点什么，谨以拙作表达对他们的诚挚谢意。

　　感谢我的硕士导师乌丙安教授、江帆教授，是他们把我带入民俗学之门。感谢我的父母一直坚定地支持我，而我回报他们的却很少。感谢我的爱人李林和妹妹关溪媛对我的照顾和帮助。特别感谢商务印书馆谢仲礼先生，正是由于他一丝不苟的工作，拙作才得以顺利出版。

由于能力有限，书中难免存在错漏与不足，请诸位师友不吝宝贵意见，多多指教。

关溪莹
2024 年夏于广州